Lapsilleni

Valikoituja opetuksia
Sri Mata Amritanandamayi

Lapsilleni
Valikoima Amman opetuksia

Julkaisija:
Mata Amritanandamayi Center
P.O. Box 613, San Ramon, CA 94583
Yhdysvallat

——————— *For My Children (Finnish)* ———————

Ensimmäinen painos MA Centerin: huhtikuu 2016

Yhteystiedot suomessa löytyvät sivuilta: www.amma.fi

Intiassa:
www.amritapuri.org
www.embracingtheworld.org
inform@amritapuri.org

Sisällys

Esipuhe

Intian lahja maailmalle on Itseoivalluksen perinne, näkemys tavallisen ihmisen nostamisesta Jumaltietoisuuden korkeuksiin. Samalla kun Intia kääntyy lännen puoleen aineelliseen hyvinvointiin ja mukavuuteen liittyvissä asioissa, etsii läntinen maailma, materialismin tyhjästä suuruudesta herätty-ään, opastusta ja turvaa idän ikuisista filosofioista. Intiaan on syntynyt katkeamattomassa ketjussa — muinaisista ajoista lähtien aina näihin päiviin saakka — Jumalan oivaltaneita sieluja ohjatakseen totuudenetsijöitä määränpäähänsä.

Ei ole yllättävää, että hyötyäkseen läntisen maailman henkisen opastuksen tarpees-ta ovat jotkut omaa etuaan ajavat yksilöt tekeytyneet valaistuneiksi mestareiksi. Maailma on kärsinyt paljon näistä tapauksis-ta ja on sen seurauksena kehittänyt vainoharhaisen asenteen "guruismia" kohtaan. Muutaman huijarin takia meidän ei kuiten-kaan tarvitse uskoa, etteikö aitoja mestareita olisi olemassa. Lakkaammeko puoskareiden olemassaolon takia etsimästä luotettavaa lääkäriä, joka pystyy parantamaan sairau-temme?

"Mihin tarvitaan henkisiä opettajia?", saatetaan kysyä. "Olen lukenut joitakin kirjoja. Enkö voi edetä henkisellä polullani tästä eteenpäin ilman opettajaakin?"

Lääkäriksi haluavan on opiskeltava oppineiden professoreiden ohjeiden mukaan. Jopa tiedekunnasta valmistumisen jälkeen hänen on jatkettava harjoitteluaan sairaalassa kokeneiden lääkäreiden opastuksessa. Hän käyttää vuosia elämästään toteuttaakseen unelmansa. Entäpä sitten henkilö, joka pyrkii korkeimman totuuden oivaltamiseen? Jos haluamme henkistä viisautta, meidän on etsittävä todellisia henkisiä mestareita, jotka ovat opiskelleet, harjoittaneet oppimaansa käytännössä ja kokeneet totuuden.

Mistä erottaa todellisen opettajan huija-
rista? Valaistuneen olennon seurassa voim-
me selvästi kokea ilmapiirin olevan täynnä
rakkautta ja tyyntä rauhaa. Näemme, kuinka
maineesta, omaisuudesta, uskonnosta ja rodus-
ta riippumatta jokainen saa tasa-arvoisen koh-
telun jumalallisessa olemassa-olossa elävältä
mestarilta. Todellisen mestarin jokaisen sanan
ja teon tarkoituksena on kohottaa ihmistä
henkisesti. *Mahatmassa* (suuressa sielussa) ei
ole egon tai itsekkyy-den häivääkään. Hän
ottaa vastaan avosylin kaikki ja palvelee heitä
yhdenvertaisesti.

Ihanteellinen esimerkki tällaisesta opet-
tajasta on Mata Amritanandamayi (sa-
nanmukainen merkitys "Kuolemattoman
Autuuden Äiti") eli Amma ("Äiti"). Vuonna
1953 syntynyttä Ammaa kunnioitetaan
Universaalin Äidin ruumiillistumana. Tämä
kirja sisältää valikoiman hänen henkisiä
opetuksiaan ja vastauksia etsijöiden usein

7

esittämiin kysymyksiin. Amman sanat ovat yksinkertaista kalastajakylän tytön puhetta, joka kuitenkin samalla paljastaa jumalallisesta kokemisesta kumpuavan syvän ymmärryksen. Hänen neuvonsa ovat universaaleja: ne soveltuvat jokapäiväiseen elämäämme, olimme-pa vakavia henkisiä pyrkijöitä, tavallisia ihmisiä tai epäilijöitä.

Amman opetusten sisäistäminen edellyttää ennen kaikkea omaa ajatteluamme. Opetukset eivät ole valmiiksi pureskeltuja kukkaiskieli-ilmaisuja, jotka ruokkisivat vain mieltämme ja älyämme. Päinvastoin meidän tulee käyttää älyämme niiden mietiskelyyn, jotta voisimme tavoittaa hänen sanojensa täyden merkityksen, myös niiden kätketyn sanoman. Toisinaan hänen sanomansa saattaa vaikuttaa epätäydelliseltä tai vailli-naisesti selitetyltä. Kun Ammalta kysytään tarkempaa selvitystä, hän saattaa sanoa: "Antaa heidän ajatella asia selväksi". Tämä tarkoittaa, että hänen opettamiaan peri-aatteita on ylenmääräisen sanallisen selvit-telyn sijaan mietiskeltävä. Jos etsijä on tosissaan Itseoivalluksen suhteen ja omistau-tuu vilpittömästi ja nöyryydellä näiden opetusten opiskelulle ja harjoittamiselle, hän voi varmasti saavuttaa määränpäänsä. Avaa tämä kirja satunnaiselta sivulta ja tunnustele, puhuttelevatko Amman sanat sinua.

Lyhyt katsaus Amman elämään

"Rakastin syntymästäni saakka voimakkaasti Jumalan pyhää nimeä. Toistin taukoa-matta, jokaisella hengenvedollani, Jumalan nimeä. Riippumatta siitä, missä olin tai mitä työtä tein, jumalalliset ajatukset virtasivat mielessäni jatkuvasti."

27. syyskuuta 1953 syrjäiseen Intian lounais-rannikolle sijaitsevaan kylään syntyi tyttölapsi. Hänen nöyrät vanhempansa antoivat hänelle nimeksi Sudhamani (Ambro-sia-jalokivi). Hänessä oli merkkejä jumalallisuudesta jo syntymästä saakka. Hänellä oli epätavallinen tummansininen ihonväri ja lääkärit kielsivät hänen vanhempiaan usean kuukauden ajan pesemästä häntä toivoen näin voivansa parantaa tämän oudon "sairau-den". Sudhamani alkoi puhua äidinkieltään malayalamia tuskin kuuden kuukauden ikäisenä, ja alkoi tuossa

iässä suoraan myös kävellä ilman edeltävää konttaamista.

Viiden vuoden ikäisestä lähtien hän alkoi säveltää Krishnaa ylistäviä lauluja. Nuo laulut olivat täynnä jumalaista rakkautta ja suurta surua, joka aiheutui kaipauksesta hänen jumalallista rakastettuaan kohtaan. Vaikka säkeet olivatkin viattomuudessaan lapsekkaita, ne eivät suinkaan olleet vailla mystistä ja filosofista syvyyttä. Hän tuli kylässä tunnetuksi lauluistaan ja kauniista äänestään. Kahdeksanvuotiaana hänen täytyi lopettaa koulunkäynti, koska hänen äitinsä tunsi itsensä sairaaksi eikä voinut enää tehdä kotitöitä. Sudhamani nousi ylös ennen aamunkoittoa ja työskenteli yhteento-ista saakka illalla. Hän laittoi ruokaa koko perheelle, hoiti kymmenen lehmää, pesi perheen pyykit, piti talon ja pihamaan siistinä ja huolehti kylän vanhoista ja sairaista. Pitkistä työpäivistä huolimatta hän rukoili ja lauloi

Krishnalle sydän täynnä syvää tunnetta aina, kun se oli mahdollista.

Ennen pitkää hän alkoi saada jumalallisia näkyjä, ja hänen ollessaan seitsemäntoistavuotias hänen autuuden tilansa syveni pysyväksi yhteydeksi jumalallisen kanssa. Hän näki maailman kaikkialla läsnäolevan Yhden ilmentymänä. Pelkkä Jumalan nimen mainitseminen saattoi hänen mielensä syvään sisäiseen tilaan.

Näihin aikoihin hänessä heräsi voimakas halu oivaltaa Jumalallinen Äiti. Saadakseen Jumalallisen Äidin ilmestyksen Sudhamani alkoi suorittaa rankkoja askeettisia harjoituksia. Hän ei syönyt lainkaan ja asui ulkosalla. Tämän jakson huipennukseksi Jumalallinen Äiti lopulta ilmestyi hänelle ja muuttui taivaalliseksi valoksi, joka sulautui Sudhamaniin. Sudhamanin kasvoilta kuvas-tui jumalallinen loisto. Hän ei halunnut olla ihmisten parissa vaan vietti aikansa yksinäi-syydessä Jumaloivalluksen autuudesta naut-tien.

Eräänä päivänä hän kuitenkin kuuli äänen sisällään sanovan: "Et ole syntynyt pelkästään nauttimaan autuudesta ja rauhasta vaan ennemminkin tuomaan lohtua kärsivälle ihmiskunnalle. Käytä jumalallisia lahjojasi helpottaaksesi ihmisten ahdinkoa. Silloin todella palvelet minua, joka asun jokaisen olennon sydämessä näiden perimmäisenä olemuksena." Siitä päivästä lähtien Sudhamani, jota nykyisin kutsutaan kunnioittavasti 'Ammaksi' tai 'Ammachiksi' (Äidiksi), on omistanut elämänsä ihmiskunnan hyvinvoinnin edistämiseen. Amma kuuntelee kärsivällisesti ihmisten ongelmia, lohduttaa heitä kuten äiti vain voi ja käyttää jumalallista voimaansa lievittääkseen heidän tuskaansa niin henkisissä kuin maallisissakin asioissa.

Amma sanoo: "Erilaiset ihmiset tulevat luokseni. Jotkut tulevat hartautensa ja antaumuksellisuutensa vuoksi, jotkut taas löytääkseen ratkaisuja maallisiin ongelmiin-sa, saadakseen helpotusta sairauksiinsa jne. Voinko torjua heidät? Emmekö kaikki olekin helmiä, jotka on ripustettu samaan elämän lankaan? Kukin näkee minut oman ajattelunsa tason mukaisesti. Kaikki ovat minulle samaa, niin ne, jotka rakastavat minua kuin nekin, jotka vihaavat minua.

Ammasta

1

Lapset, teidät maailmaan synnyttänyt äiti saattaa huolehtia asioista, jotka liittyvät nykyiseen elämäänne. Tosin nykyaikana tämäkin on hyvin harvinaista. Mutta Amman tarkoitus on ohjata teitä niin, että voitte nauttia autuudesta kaikissa tulevissa elä-missänne.

2

Mädän puristaminen märkivästä haavasta aiheuttaa kipua, mutta jättääkö parastanne tarkoittava lääkäri sen tekemättä vain koska se on kivuliasta? Samalla tavoin tunnette tuskaa, kun *vasanoitanne* (menneisyydestä peräisin olevia ehdollistumianne) poistetaan. Kipu on omaksi parhaaksenne. Aivan kuten puutarhakasveista poistetaan niitä tuhoavat hyönteiset, Amma poistaa teistä huonot *vasananne*.

3

Saattaa olla helppoa rakastaa Ammaa, mutta se ei riitä. Yrittäkää nähdä Amma jokaisessa ihmisessä. Oi lapseni, älkää luulko, että Amma rajoittuu vain tähän kehoon.

4

Jos todella rakastaa Ammaa, merkitsee se, että rakastaa samalla tavoin maailman kaikkia olentoja.

5

Jos rakastaa Ammaa vain silloin, kun Amma itse osoittaa rakkautta, ei rakkaus ole todellista. Vain sellainen, joka pystyy tarrautumaan Amman jalkoihin vaikka hän ojentaa tätä, rakastaa Ammaa todella.

6

Joka elää tässä *ashramissa* (luostarissa, henkisessä keskuksessa) ja ottaa oppia kaikesta mitä Amma tekee, tulee saavuttamaan vapautuksen.

Jos mietiskelee Amman sanoja ja tekoja, ainoatakaan pyhää kirjoitusta ei tarvitse lukea.

7

Mielen on pitäydyttävä jossakin. Tämä on mahdollista vain uskon avulla. Kun siemen on kylvetty maahan, se voi kasvaa ylöspäin ainoastaan juurten avulla, jotka ulottuvat alas maaperään. Ilman uskoa ei henkinen kasvu ole mahdollista.

8

Minne menetkin, sinun tulisi joko hiljaa toistaa *mantraasi* tai *meditoida*. Jos tämä ei ole mahdollista, tulisi sinun lukea henkistä kirjallisuutta. Älä tuhlaa aikaa. Amma ei ole huolissaan miljoonan markan menetyksestä, mutta Amma on todella huolestunut pienenkin hetken tuhlaamisesta. Raha voidaan saada takaisin, mutta menetettyä aikaa ei. Lapset, olkaa aina tietoisia ajan arvosta.

9

Lapset, Amma ei sano että teidän olisi uskottava Ammaan tai Jumalaan taivaassa. Riittää kun uskotte Itseenne. Kaikki on sisällänne.

10

Jos todella rakastat Ammaa, harjoita *sadhanaa* (henkisiä harjoituksia) ja tunne Itsesi. Amma rakastaa teitä odottamatta teiltä yhtään mitään. Minulle riittää, kun saan nähdä lapseni nauttimassa aina rauhasta, välittämättä päivästä tai yöstä.

11

Vain jos voit epäitsekkäästi rakastaa muurahaistakin, voi Amma ajatella sinun todella rakastavan häntä. Amma ei pidä muunlaista rakkautta rakkautena. Amma ei voi sietää itsekkyydestä syntynyttä rakkautta.

12

Amman olemus vaihtelee omien ajatus-tenne ja tekojenne mukaan. Jumalan kauhistuttava ilmentymä 'Narasimha' (puoliksi ihminen, puoliksi leijona), joka syöksyi karjuen demoni-kuningas Hiranyakasipun kimppuun, rauhoittui palvojansa Prahladan seurassa. Jumala, joka on puhdas ja kaikkien ominaisuuksien tuolla puolen, omaksui erilaiset mielentilat Hiranyakasipun ja Prahladan toiminnan laadun mukaan. Samo-in myös Amman käyttäytyminen vaihtelee hänen lastensa suhtautumisen mukaan. Sama Amma, jonka näet *Snehamayina* (rakkauden ruumiillistumana), voi toisinaan näyttäytyä *Krooramayina* (itse julmuutena)! Syynä tähän on lasten virheiden korjaami-nen. Tarkoitus on vain tehdä heistä hyviä.

Guru

13

Kun olemme löytäneet tietyn kaupan, josta voimme hankkia kaiken tarvitsemamme, miksi vaeltelisimme enää muissa kaupoissa? Se olisi ajan tuhlausta ja täysin hyödytöntä. Samoin, jos olemme löytäneet täydellisen *gurun* (valaistuneen henkisen opettajan), meidän tulisi lopettaa vaeltelu ja harjoittaa *sadhanaa* (henkisiä harjoituksia) päämäärämme saavuttamiseksi.

14

Guru itse tulee etsijän luo. Ei ole mitään tarvetta vaeltaa etsimässä häntä. Sen sijaan etsijän tulisi suhtautua vakaan intohimotto-masti maailmaa kohtaan. *Guru* on täysin korvaamaton *sadhakalle* (henkiselle pyrkijälle). Jos lapsi menee lähelle veden rajaa, äiti varoittaa häntä vaarasta ja johdattaa lapsen pois. Samoin myös *guru* antaa tarvittaessa tilanteeseen sopivia ohjeita. Hänen huomionsa on aina oppilaassa.

16

Vaikka Jumala onkin kaikkialla, *gurun* seura on ainutlaatuista. Vaikka tuuli puhaltaa kaik-kialla, nautimme viileydestä erityi-sesti puun varjossa. Eikö puun lehtien läpi puhaltava tuuli lievitäkin kuumassa auringonpaisteessa matkaavien oloa? Niin myös *guru* on tarpeel-linen meille, jotka elämme keskellä maallisen olemassaolon paahtavaa kuumuutta. *Gurun* läsnäolo rauhoittaa ja tyynnyttää meidät.

17

Lapset, vaikka uloste olisi kuinka pitkään auringonpaisteessa, ei sen löyhkä vähene. Se häipyy vasta, kun tuuli puhaltaa sen pois. Samalla tavoin ei ikuisuuksiakaan kestävä meditaation harjoittaminen poista *vasanoitam-me*, ellemme elä *gurun* yhteydessä. Tarvitaan *gurun* armoa. *Guru* vuodattaa armon-sa vain viattomaan mieleen.

18

Jotta voisimme kehittyä henkisesti, meillä tulisi olla täydellinen *gurulle* antautu-misen asenne. Opettaja opettaa lasta kirjoit-tamaan ohjaamalla hänen sormeaan hiekas-sa. Lapsen sormen liike on opettajan hallin-nassa. Mutta jos lapsi ajattelee ylpeästi: "Minä tiedän kai-ken", eikä tottele opettajaa, kuinka hän voi oppia?

19

Kokemukset ovat *guruja* jokaiselle, todellakin. Lapseni, suru on *guru*, joka tuo sinut lähem-mäksi Jumalaa.

20

Oppilaan tulisi tuntea *gurua* kohtaan kun-nioittavaa hartautta (*bhaya bhaktia*). Lisäksi hänellä tulisi olla läheinen suhde *guruunsa* ja tuntea, että *guru* on hänen omansa. Suhteen tulisi olla samanlainen kuin lapsen ja äidin välillä. Vaikka äiti kuinka lyö ja työntää lasta pois, tarrautuu tämä silti häneen. Vaikka kunnioittava hartaus auttaakin meitä kehittymään henkisesti, voidaan todellista hyötyä saavuttaa vasta läheisen *guru*suhteen kautta.

21

Lapset, pelkkä *gurun* rakastaminen ei poista *vasanoitanne*. Tarvitaan henkisyyden perimmäisiin periaatteisiin pohjautuvaa antaumusta ja uskoa. Niin keho, mieli kuin älykin on pyhitettävä tälle asialle. Tämänkaltaisella luottavaisella uskolla *gurua* kohtaan ja noudattamalla *gurun* tahtoa voidaan *vasanat* hävittää lopullisesti.

22

Siemen kylvetään ensin puun varjoon. Kun se alkaa versomaan, se tulisi siirtää muualle, muuten se ei kasva. Samoin myös henkisen pyrkijän täytyy pysyä *gurunsa* luona jonkin aikaa, vähintään pari kolme vuotta. Tämän jälkeen hänen pitäisi harjoit-taa *sadhanaa* yksinäisyydessä. Tämä on tarpeellista hänen henkisen kasvunsa kannalta.

23

Todellinen *guru* haluaa ainoastaan oppi-laansa henkistä kasvua. Oppilasta testataan ja koetellaan; tämän tarkoituksena on oppilaan edistyminen ja heikkouksien poistaminen. *Guru* saattaa jopa syyttää oppilasta virheistä, joita tämä ei ole tehnyt. Vain ne, jotka järkkymättä kestävät tuollai-set kokeet, voivat kasvaa.

24

Todellinen *guru* voidaan tuntea vain kokemuksen kautta.

25

Koneellisesti haudottu kana ei selviä ilman ihanteellista ruokaa ja olosuhteita, kun taas maalaiskana voi elää minkälaisella ruualla ja minkälaisissa olosuhteissa tahan-sa. Lapset, *gurun* yhteydessä elävä *sadhaka* on kuin maa-laiskana. Hänellä tulee olemaan rohkeutta kohdata mikä tahansa tilanne. Mikään ei voi orjuuttaa häntä. *Gurunsa* kanssa elänyt *sadha-ka* tulee aina olemaan vahva. Tuo vahvuus on peräisin läheisestä yhteydestä *guruun*.

26

Oppilas saattaa asennoitua *guruunsa* omis-tavasti. Tätä suhtautumistapaa ei ole helppo muuttaa. Oppilas voi haluta *gurun* antavan hänelle rakkautta ylenmäärin. Mutta jos näin ei näytä käyvän, hän saattaa solvata gurua ja jopa jättää tämän. Sen, joka haluaa *gurun* rakkautta, tulee palvella pyyteettömästi.

27

Jumalan viha voidaan lepyttää, mutta edes Jumala ei armahda *gurun* halveksun-nasta aiheutuvaa syntiä .

28

Guru ja Jumala ovat sisällämme. Mutta *sad-hanan* alkuvaiheissa tarvitaan ulkoista *gurua*. Kun oppilas on saavuttanut tietyn tason, voi hän ymmärtää olennaisen sisällön kaikesta, mikä häntä kohtaa ja edetä näin yksinkin. Ennenkuin lapsi tietää, mitä hän haluaa, hän lukee läksynsä, koska pelkää vanhempiaan ja opettajiaan. Tiedostettuaan päämääränsä hän opiskelee omasta tahdos-taan ja luopuu yöunestaan ja monista asiois-ta, joista hän on siihen saakka nauttinut. Hänen aikaisempi pelkonsa ja kunnioituk-sensa vanhempia koh-taan ei ollut heikkoutta. Lapset, kun tietoisuus päämäärästä alkaa sarastaa, herää myöskin guruaspekti sisäl-lämme.

29

Gurun luo tuleva henkilö hyväksytään oppi-laaksi vain, jos hän on sopiva. Ilman *gurun* armoa ei *gurua* voi tuntea. Joka todella etsii

totuutta, on nöyrä ja aito. *Gurun* armo vuo-
dattuu vain sellaiselle. Täynnä *egoa* olevalla
ihmisellä ei ole pääsyä *gurun* luo.

30

Lapseni, voidaan sanoa, että "minä ja Jumala
olemme yhtä", mutta oppilas ei koskaan sano,
että "minä ja *guru* olemme yksi". *Guru* on se,
joka on herättänyt jumalallisen 'Minän' op-
pilaassa. Tuo suuruus säilyy aina. Oppila-an
tulisi käyttäytyä sen mukaisesti.

31

Aivan kuten kanaemo suojelee vasta kuoriu-
tuneita poikasiaan siipiensä alla, todellinen
guru huolehtii täydellisesti niistä, jotka elävät
hänen ohjeidensa mukaan. Hän osoittaa jopa
hupsutkin virheet, ja korjaa ne välittömästi.
Hän ei salli oppilaan *egon* kasvaa hiukkaakaan.
Guru saattaa toisinaan toimia ilmeisen jul-
malla tavalla. Tämän tarkoituksena on kitkeä
ylpeys oppilaasta.

32

Ihmiset, jotka näkevät sepän takovan kuumaa rautaa vasarallaan, saattavat ajatel-la, että siinä on julma ihminen. Myös rauta voi ajatella, että toista yhtä ilkeää julmuria ei voi olla olemassakaan. Mutta seppä ajattelee jokaisella iskulla ainoastaan uutta muotoa, jota hän on tuomassa esiin. Lapseni, todellinen *guru* on kuin seppä.

Jumala

33

Moni kysyy: "Onko Jumalaa olemassa? Jos on, niin missä Hän on?". Kysy näiltä ihmisiltä: "Kumpi oli ensin, muna vai kana?" tai "Kumpi ilmaantui ensin, kookospähkinä vai kookospalmu?" Kuka voi vastata tuollaisiin kysymyksiin? Kookospähkinän ja kookospalmun tuolla puolen on voima, joka on niiden molempien perusta; voima, joka ei ole sanoin ilmaistavissa. Se on Jumala. Lapset, sitä Yhtä, joka on kaikkeuden ikuinen alkulähde, kutsutaan Jumalaksi.

34

Lapset, Jumalan olemassaolon kieltäminen on kuin käyttäisi kieltään sanoakseen: "Minulla ei ole kieltä". Jumala on kaikessa, aivan kuten puu sisältyy siemeneen ja voi maitoon.

35

Puu on piilevänä siemenessä, mutta jotta siemen voisi kasvaa puuksi, on sillä oltava nöyryyttä tullakseen haudatuksi maahan. Jotta poikanen voisi kuoriutua munasta, täytyy emon hautoa sitä. Sen verran tarvitaan kärsivällisyyttä. Maidosta saadaan voita vasta, kun sitä on juoksutettu, hyydytetty ja kirnuttu. Vaikka Jumala on kaikkialla ja kaikessa, Hänen oivaltamisensa vaatii uutteraa yrittämistä.

36

Jumala ei ilmenny siellä, missä *ego* ja itsekkyys vallitsevat. Jos Jumala lähestyy meitä vilpittömien rukoustemme vuoksi metrin, niin itsekkyytemme vuoksi hän väistää meitä kilometrin. Kaivoon voi hypätä hetkessä, mutta sieltä pois pääseminen on jo vaikeam-paa. Samoin Jumalan armo, jota on vaikea saavuttaa, voidaan menettää silmänräpäyk-sessä.

37

Lapset, vaikka ihminen tekisi hyvitystyö-tä monen elämän ajan, Jumaloivallus ei ole mahdollinen ilman palavaa kaipuuta ja puhdasta rakkautta Jumalaa kohtaan.

38

Nainen on veljelleen sisar, aviomiehelleen vaimo, isälleen tytär. Näkökulmasta ja tarkastelijasta riippumatta hän on kuitenkin edelleen yksi ja sama. Samoin Jumala on vain yksi. Ihmiset näkevät Jumalan eri tavoin, kukin oman suhtautumisensa mukaisesti .

39

Jumala voi ottaa minkä muodon tahansa. Kun ihminen muotoilee savesta vaikkapa hevosen tai norsun, saven luonne ei muutu. Kaikki muodot ovat piilevänä savessa, joka itsessään on muodoton. Myös puusta voidaan veistää minkälaisia hahmoja tahansa. Voim-me kutsua veistoksia eri nimillä tai sitten voimme nähdä niiden kaikkien olevan perusolemukseltaan puuta. Samoin Jumala on kaikessa eikä Hänellä ole ominaisuuksia. Mutta Hän paljastaa meille itsensä eri tavoin sen mukaan, millälailla käsitämme Hänet.

40

Lapset, aivan kuten vesi joka jäätyy ja sulaa takaisin vedeksi, Jumala voi omasta tahdostaan ottaa minkä tahansa muodon ja palata sitten alkuperäiseen olemukseensa.

41

Hajanaisesti virtaava vesi voidaan padota ja valjastetusta vedestä voidaan tuottaa sähköä. Jos mieli, joka nyt vaeltelee aistikoh-teesta toiseen, saadaan harjoitettua keskitty-mään, voidaan keskittymisen tuoman voiman avulla saavuttaa Jumalan ilmestys.

42

Lapset, kun turvaudumme Jumalaan, meillä ei ole mitään pelättävää. Jumala huolehtii kaikesta. Lasten hippaleikissä yksi lapsista on hippa, joka koettaa koskettamalla saada jonkun toisen hipaksi. Muut juoksevat pakoon, ja jos joku koskettaa tiettyä puuta, ei häntä voi saada hipaksi. Samoin, jos pitäydymme Jumalaan, kukaan ei voi tehdä meille mitään.

43

Kun henkilö katsoo isänsä muotokuvaa, hän ei ajattele taiteilijaa tai maalia, hän muistaa vain isänsä. Samalla tavoin hartauden harjoittaja näkee eri jumalhahmoja esittävissä kuvissa ja veistoksissa yhden ja saman Jumalan, Universaalin Isän. Ateisti saattaa sanoa, että kuvanveistäjä on se, jota tulisi palvoa, eikä tämän muotoilemaa patsasta. Hän sanoo tämän vain, koska hänellä ei ole käsitystä Jumalasta eikä periaatteista, joihin jumalhahmot perustuvat.

44

On turha syyttää Jumalaa maailman epäoikeudenmukaisuudesta ja ongelmista. Jumala on näyttänyt meille oikean polun eikä ole vastuullinen surkeudesta, jonka luomme, kun emme seuraa sitä. Äiti kieltää lastaan kävelemästä paikkaan, josta voi pudota veteen ja työntämästä kättään tuleen. Jos lapsi putoaa veteen tai polttaa kätensä oltuaan piittaamaton äitinsä varoituksista, miksi syyttää äitiä?

45

Jotka sanovat: "Jumala tekee kaiken", eivätkä itse tee mitään, ovat velttoilijoita. Jumalan meille antamaa älyä on tarkoitus käyttää siihen, että teemme kaiken huolellisesti harkiten. Jos sanomme, että Jumala huoleh-tii kaikesta, mitä hyötyä on älystämme?

46

Joku voi sanoa, että jos kaikki on Jumalan tah-
toa, eikö Jumala silloin pane meidät tekemään
virheitäkin? Tällainen väite on hyödytön.
Vastuu kaikesta siitä, mitä ihminen tekee *egon*
tunnossa, on tekijällä itsellään, ei Jumalalla. Jos
todella uskomme, että nimenomaan Jumala
pani meidät tekemään rikoksemme, meidän
tulisi pystyä hyväksy-mään myös tuomarin
antama kuolemantuo-mio Jumalalta tulevana.
Kykenemmekö tähän?

47

Lapset, Jumaloivallus ja Itseoivallus ovat sama
asia. Laajakatseisuus, tyyneys ja kyky rakastaa
kaikkia, sitä on Jumalan oivaltaminen.

48

Vaikka maailman kaikki olennot rakastai-
sivat meitä, emme kokisi rahtuakaan siitä
autuudesta, jota koemme maistaessamme vain

hetkenkin Jumalan rakkautta. Niin suuri on autuus, jonka Hänen rakkaudestaan saamme, ettei ole mitään, mitä siihen voisi verrata.

49

Vain koska emme näe Jumalaa, voimmeko väittää, että Jumalaa ei ole olemassa? Monet eivät ole koskaan nähneet isoisäänsä. Sanovatko he tämän takia, että heidän isällään ei ollut isää?

50

Lapsina kyselemme paljon ja opimme äideiltämme. Kun kasvamme vähän vanhem-miksi, kerromme ongelmistamme ystävillem-me. Aikuistuttuamme uskomme kärsimyk-semme puolisoillemme. Tällainen on meissä oleva *samskara* (taipumus). Meidän pitäisi muuttaa tämä tapa. Meidän pitäisi uskoa surumme vain Jumalalle. Ilman seuralaista ei ole mahdollista kasvaa. Vasta, kun olemme jakaneet murheemme jonkun kanssa, tunnemme olomme helpottuneeksi. Olkoon Jumala tuo seuralaisemme ja uskottumme.

51

Ystävä tänään saattaa olla huomenna vihollinen. Jumala on ainoa ystävä, johon voimme turvautua ja luottaa aina.

52

Hyötyykö Jumala siitä, että uskomme Häneen? Tarvitseeko aurinko kynttilän valoa? Uskova itse on se, joka hyötyy uskostaan. Kun osallistumme hartaudella jumalanpalvelukseen, me itse saavutamme keskittymisen ja rauhan.

53

Eri uskontojen seuraajat noudattavat erilaisia tapoja ja heillä on omat pyhät paikkan-sa, mutta Jumala on yksi ja sama. Vaikka malayalamin kielellä maito on 'pal' ja hindiksi 'dhood', sen laatu ja väri eivät muutu. Kristityt kutsuvat Jumalaa Kristukseksi ja muslimit

Allahiksi. Krishnan hahmo kuvata-an eri tavoin Keralassa kuin Pohjois-Intiassa, missä hänen päässään on turbaani. Jokainen käsittää Jumalan ja palvelee tätä kulttuurin-sa ja mieltymystensä mukaisesti. Suuret sielut *(mahatmat)* ovat ilmentäneet samaa Jumalaa eri tavoin aikakautensa tarpeiden ja ihmisten erilaisten mieltymysten mukaisesti.

54

Sen, joka haluaa nostaa itsensä kehoon samaistuneen tilasta Perimmäisen Itsen tasolle, tulee tuntea epätoivoa niinkuin hän olisi jäänyt loukkuun palavaan taloon tai olisi hukkumassa syviin vesiin. Näin tuntevan henkilön ei tarvitse pitkään odottaa Jumalan ilmestymistä.

55

Lapset, kun hukkaamme avaimen, menemme lukkosepälle saadaksemme lukon auki. Voidaksemme avata mieltymysten ja vastenmielisyyksien lukon meidän tulee etsiä Jumalan käsissä olevaa avainta.

56

Jumala on kaiken taustalla oleva voima. Usko Jumalaan saa rakkauden kukoista-maan. Rakkaudesta syntyy ymmärrys oikeamielisyydestä *(dharma)*, mistä seuraa oikeudenmukaisuus ja rauha. Meidän tulisi olla yhtä valmiita tuntemaan myötätuntoa toisia kohtaan kuin olemma lääkitsemään omaa palanutta kättämme. Tämä voidaan saavut-taa täydellä uskolla Jumalaan.

Mahatmat ja jumalalliset inkarnaatiot

57

"Sama *Atman* (Itse), joka asustaa kaikissa olennoissa, on myös minussa." "Mikään ei ole erillinen minusta." "Toisten surut ja vaikeudet ovat omiani." Ken oivaltaa tämän oman kokemuksen kautta, on *Jnani* (viisauden ihminen).

58

Jumalallisen *inkarnaation* ja *jivanmuktan* (vapautuksen saavuttaneen yksilöllisen sielun) välistä eroa voidaan verrata eroon kahden laulajan välillä, joista toisella on myötäsyntyinen laulun lahja ja toinen on melko äskettäin opetellut laulamaan. Edelli-nen oppii laulun täydellisesti kuultuaan sen vain kerran, kun jälkimmäisellä menee kauan aikaa sen opetteluun.

59

Koska kaikki on osa Jumalaa, jokainen on jumalallinen *inkarnaatio*. *Jivat* (yksilölliset sielut), tietämättä olevansa osa Jumalaa, ajattelevat: "Minä olen keho. Tämä on minun taloni, minun omaisuuteni, ..."

60

Jumalallisilla *inkarnaatioilla* (*avataaroil-la*) on runsauden tunne, jota muilla ei ole. Koska *avataarat* ovat samaistuneet kaikkeuteen, heidän mielensä ei ole sellainen, jota yleensä kutsumme 'mieleksi'. Kaikki mielet ovat heidän. Avataara on itse 'kaikkeudellinen mieli'. Jumalalliset *inkarnaatiot* ovat vastakohtaparien tuolla puolen, sellaisten kuin puhtaus ja epäpuhtaus, ilo ja suru. Itse Jumalan laskeutumista ihmiskehoon kutsu-taan jumalalliseksi *inkarnaatioksi* tai *avataaraksi*.

61

Mitkään rajoitteet eivät voi sitoa *avataa-raa*. Hän on kuin jäävuoren huippu *Brahma-nin* (Absoluutin) valtameressä. Jumalan koko voimaa ei voida rajoittaa pieneen ihmis-kehoon, mutta Jumala voi tahtoessaan toimia tämän kehon kautta. Tämä on jumalallisten *inkarnaatioiden* ainutlaatuinen ominaisuus.

62

Avataarat ovat suureksi avuksi tuodessaan ihmisiä lähemmäksi Jumalaa. Jumala ottaa itselleen muodon ainoastaan meidän vuoksemme. *Avataarat* eivät ole kehoja, vaikka meistä siltä näyttääkin.

63

Minne *mahatma* vain meneekään, ihmiset kerääntyvät hänen ympärilleen. Hän vetää puoleensa ihmisiä aivan kuten tuulenpyörre pölyä. Hänen hengityksensä ja jopa ilma, joka koskettaa hänen kehoaan, on hyödyksi maail-malle.

64

Lapset, Jeesus ristiinnaulittiin ja Krish-nan tappoi nuoli. Näin tapahtui vain heidän omasta tahdostaan. Kukaan ei voi lähestyä jumalallista inkarnaatiota vasten tämän tahtoa. Krishna ja Jeesus olisivat voineet polttaa vastustajansa tuhkaksi, mutta he eivät tehneet niin. He olivat laskeutuneet ihmiskehoon vain näyttääkseen maailmalle esimerkkiä. He tulivat näyttämään, mitä merkitsee uhrautuminen.

65

Sanjaasi on ihminen, joka on luopunut kaikesta. Hän kestää ja antaa anteeksi ihmisten väärät teot ja johtaa heidät rakkau-dellisesti oikealle polulle. *Sanjaasit* ovat esimerkkejä itsensä uhraamisesta. He elävät ikuisessa autuudessa eivätkä ole riippuvaisia ulkoisista ilonlähteistä. He iloitsevat omassa Itsessään.

66

Pienen lapsen kanssa käsi kädessä kulke-va henkilö kävelee hitaasti ja lyhyin askelin, ettei talutettava kompastuisi ja kaatuisi. Samoin sen, joka aikoo kohottaa tavallisia ihmisiä, on ensin laskeuduttava näiden tasolle. Etsijän ei koskaan pitäisi tuntea henkistä ylpeyttä. Hänen tulee olla esikuvana maailmalle.

67

Krishna oli elämässään monissa rooleissa: lehmipoikana, kuninkaana, viestinviejänä, perheellisenä ja vaunnunajajana. Hän ei jättäytynyt syrjään sanoen: "Minä olen kunin-gas". Krishna opetti jokaista ihmistä heidän *samskaransa* (mielellisten ominaisuuksiensa) mukaisesti. Hän opasti jokaista, kenen kanssa liikkui. Vain tällaiset suuret sielut voivat johdattaa maailmaa.

68

On joitakin ihmisiä, jotka pukeutuvat okran-väriseen viittaan julistaen: "Minä olen *sanjaa-si*". He ovat kuin eräitä villiintyneitä peruna-kasveja; sekä villit että puutarhalajikkeet ovat samannäköisiä, mutta villiintyneet kasvit eivät tuota perunoita. Okra on tulen väri. Vain ne, jotka ovat polttaneet kehotietoisuutensa, ovat sopivia käyttämään sitä.

Pyhät kirjoitukset

69

Lapset, pyhät kirjoitukset ovat syntyneet vii-saiden kokemuksista. Niitä ei voida käsittää älyllä. Ne voidaan oivaltaa vain kokemuksen kautta.

70

Meidän ei tarvitse opiskella kaikkia pyhiä kirjoituksia. Ne ovat laaja kuin valtameri. Meidän tulee omaksua kirjoituksista vain olennaiset periaatteet, aivan kuin poimisim-me merestä helmiä. Kun olemme imeneet sokeriruo'osta mehun, emmekö sylkäisekin varren pois?

71

Vain sellainen, joka on harjoittanut *sadhanaa* (henkisiä harjoituksia), voi ymmärtää kirjoitusten hienot vivahteet.

72

Pelkkä kirjoitusten opiskelu ei vie oppilas-ta täydellistymiseen. Sairauden parantami-seen ei riitä lääkepullon etiketin lukeminen vaan lääkettä pitää myös ottaa. Vapautumis-ta ei voi saavuttaa pelkästään lukemalla kirjoja. Harjoitus on oleellista.

73

On parempi harjoittaa meditaatiota yhdessä pyhien kirjoitusten opiskelun kanssa kuin meditoida ilman kirjoitusten antamaa tukea. Kun mieli on levoton, voi kirjoituksia tunteva henkilö saada niistä uutta voimaa mietiske-lemällä niiden sano-maa. Ne auttavat häntä heikkouksien voitta-misessa. Vain ne, jotka yhdistävät *sadhanan* ja pyhien kirjoitusten opiskelun, voivat todella palvella maailmaa epäitsekkäästi.

74

Kirjoitusten tutkiminen on jossain määrin
tarpeellista. Henkilö, joka on opiskellut maan-
viljelystä, voi helposti istuttaa ja kasvattaa
kookospalmun. Havaitessaan oireen jostakin
sairaudesta hän osaa hoitaa sen. Mutta jos
pelkästään piirrämme kuvan kookospähki-
nästä, emme voi juoda kookos-maitoa. Jotta
saisimme kookospähkinöitä, on meidän ensin
istutettava kookospalmu ja huolehdittava sen
versosta. Jotta voisimme kokea kaiken, mitä
pyhissä kirjoituksissa on kuvattu, on meidän
harjoitettava *sadhanaa*.

75

Sellainen henkilö, joka pelkästään hankkii
kirjatietoa eikä harjoita *sadhanaa*, on kuin höl-
mö, joka yrittää asua talon pohjapiirrok-sessa.

76

Jos tunnet reitin, tulee matkastasi helppo ja saavut pian määränpäähän. Lapset, pyhät kirjoitukset ovat karttoja, jotka näyttävät meille tien henkiseen päämää-räämme.

77

Sen, joka on valinnut henkisen elämän, ei tulisi viettää kirjojen parissa enempää kuin kolme tuntia päivässä. Loppuaika tulisi viettää harjoittaen *japaa* ja meditaatiota.

78

Ylenmääräinen pyhien kirjoitusten luke-minen estää meitä meditoimasta, ja mieles-sämme on aina halu opettaa muita. Rupeam-me ajattelemaan: "Minä olen *Brahman*. Miksi minun pitäisi meditoida?". Vaikka yrittäi-simmekin meditoida, mieli ei salli sitä vaan pakottaa meidät lopettamaan.

79

Lapset, mitä saavutatte, jos vietätte koko elämänne tutkien kirjoituksia? Onko tar-peellista syödä koko säkillistä sokeria tietääkseen, miltä sokeri maistuu? Hyppysel-linen riittää.

80

Oletetaan, että varastossa on viljanjyvä, joka ajattelee olevansa itsenäinen: "Miksi minun pitäisi kumartaa maaperälle (ja tulla näin haudatuksi maahan)?" Se ei ymmärrä, että vain kasvamalla se voi lisääntyä ja olla hyödyksi muille. Jos se jää varastoon, se päätyy rottien ruuaksi. Pelkästään kirjan-oppinut henkilö, joka ei harjoita *sadhanaa*, on kuin tämä viljavaraston jyvä. Mitä hyötyä on pelkästä älyllisestä tiedosta ilman *sadhanaa*? Tällainen henkilö voi vain toistaa kuin papukaija: "Minä olen *Brahman*, minä olen *Brahman*".

Tiedon, antaumuksen ja toiminnan tiet[1]

81

Mielen jatkuva tyyneys on *joogaa* (ykseyttä Jumalan kanssa). Kun tuo mielenrauha on saavutettu, armo virtaa lakkaamatta. *Sadhanaa* ei silloin enää tarvita. Joku haluaa syödä intianleipäpuun hedelmän sellaise-naan, toinen haluaa sen keitettynä ja kolmas pitää paistetusta. Vaikka ihmisten mielty-mykset vaihtelevat, on syömisen tarkoituk-sena tyy-dyttää nälkä. Jokainen ihminen omaksuu

---

1 Tiedon tiellä (*jnana*) tarkoitetaan Jumaloivalluksen tavoittelemista harjoittamalla erottelukykyä, luopumalla väliaikaisesta ja pitäytymällä ikuiseen, ts. puhtaaseen tie-toisuuteen eli Itseen.

Antaumuksen tie (*bhakti*) on jumalallisen rakkauden, antaumuksen ja hartauden tie, jossa oppilas vapautuu *egostaan* antautumalla Jumalalle ja/tai mestarille.

Toiminnan tie *(karma)* johtaa oppilaan perille pyyteettömän, Jumalalle tai mestarille omistetun palvelun kautta.

myös erilaisen polun Jumalan luo. Lapset,
riippumatta siitä, minkälaisen polun kukin
valitsee, on määränpää sama: Jumal-oivallus.

82

Antaumuksellisuus ilman kunnon ymmär-
rystä perimmäisestä todellisuudesta ei voi
vapauttaa meitä. Päinvastoin siitä muodos-
tuu vain uusi kahle. Jasmiiniköynnös ei kasva
ylöspäin, se levittäytyy sivusuunnassa sitoen
itsensä muihin puihin.

83

Tiedon *(jnana)* tien kulkeminen ilman antau-
musta on kuin söisi kiviä.

84

Antaumus, jonka juuret ovat perimmäises-sä
todellisuudessa, tarkoittaa epäitsekkään rak-
kaudellista turvaamista Yhteen Jumalaan, joka
ilmentyy kaikkena olemassa-olevana. Siihen
ei kuulu ajatus, että olisi useita eri jumalia.

Oppilaan tulisi edetä pitäen päämääränsä kirkkaana mielessään. Jos haluaa mennä itään, on hyödytöntä matkustaa länteen.

85

Lapset, elämän päämäärä on Jumalan oivaltaminen. Ponnistelkaa sitä kohti! Haavaan tulisi laittaa lääkettä vasta sen jälkeen, kun se on puhdistettu kaikesta liasta. Jos siihen jää yhtään likaa, se ei parane, vaan saattaa tulehtua. Samoin jumalallisen tiedon vuoro tulee sitten, kun *ego* on pesty pois antaumuk-sellisen rakkauden vesissä. Henkinen todellisuus avautuu vasta silloin.

86

Sulatettu voi ei pilaannu. Mutta jos se kieltäytyy sulamasta sanoen ylpeästi: "Minä olen voita", se alkaa haista. Niin kauan kuin meillä on *ego*, voidaan ylpeys ja muut epäpuhtaudet sulattaa pois vain hartaudella ja antaumuksella. Silloin ne eivät enää haise.

87

Jotkut kysyvät miksi Amma korostaa antaumuksen polkua. Lapset, jopa Sankaracharya, joka esitteli *advaita*-filosofian (non-dualismin eli ei-kaksinaisuuden filosofian), kirjoitti lopulta antaumuksellisen teoksen *Soundarya Lahari*. Tietäjä Vyasa, *Brahma-sutrien* kirjoittaja, oli tyytyväinen vasta kirjoitettuaan Krishnan elämää ylistävän teoksen *Bhagavatam*. Huomattuaan, että *advaitasta* tai *Brahmasutrien* filosofiasta puhuminen ei hyödyttänyt tavallisia ihmisiä, Sankara ja Vyasa kirjoittivat antaumuksellisia teoksia. Yksi tai kaksi ihmistä tuhannes-ta voi saavuttaa määränpäänsä kulkien tiedon tietä. Voiko Amma hylätä kaikki muut etsijät? Vain antaumuksen polusta on heille hyötyä.

88

Antaumuksen tiellä voimme nauttia autuudesta jo heti alusta lähtien, kun taas muilla

poluilla autuutta koetaan vasta lähempänä
määränpäätä. *Bhakti* (antaumus) on kuin
intianleipäpuu, jonka hedelmät kasvavat hy-
vin matalalla lähellä maata, kun taas muiden
puiden hedelmiä saadakseen on kiivettävä
niiden latvaan.

89

Alkuvaiheessa meillä pitäisi olla *bhaya bhaktia*
(antaumusta, jossa on mukana hieman kunni-
oittavaa pelkoa) Jumalaa kohtaan. Myöhem-
min sitä ei enää tarvita. Kun korkeimman
rakkauden tila on saavu-tettu, pelko häviää
täydellisesti.

90

Vaikka meditoisimme ja harjoittaisimme
japaa kuinka paljon hyvänsä, yrityksemme
eivät tuota tulosta, jos meillä ei ole rakkautta
Jumalaa kohtaan. Vastavirtaan kulkeva vene
etenee vaivalloisesti, mutta jos nostam-me
purjeen, saamme lisää nopeutta. Rakkaus

Jumalaa kohtaan on kuin purje, joka auttaa meitä pääsemään nopeasti määränpäähän.

91

Ihmiset sanovat että *karman* suorittaminen riittää. Mutta *karman* suorittamiseen oikein tarvitaan tietoa. Toiminta ilman tietoa ei ole oikeanlaista toimintaa.

92

Sraddhalla (huolellisuudella, tarkkaavaisuudella ja luottavalla uskolla Jumalaan) tehty toiminta johtaa meidät Jumalan luo. Meillä täytyy olla *sraddhaa*. Keskittyminen voidaan saavuttaa vain *sraddhan* avulla. Usein tulemme vasta jälkeen päin ajatelleeksi, kuinka olisimme voineet hoitaa asiat parem-min. Kokeen jälkeen ajattelemme: "Oi, minun olisi pitänyt vastata näin!" Mitä hyötyä on miettiä sitä jälkikäteen?

93

Lapset, *sraddha* on välttämätöntä kaikis-sa toimissamme. Toiminnasta ilman *sradd-haa* ei ole hyötyä. *Sadhaka* (henkinen pyrkijä) muistaa monta vuotta sitten suorit-tamiensa toimien yksityiskohdat sen äärim-mäisen valppauden ansiosta, jolla hän ne suoritti. Meidän tulisi olla tarkkaavaisia jopa suorittaessamme näennäisen yhdentekeviä tehtäviä.

94

Olemme hyvin tarkkoja pidellessämme neulaa, vaikka pidämme sitä merkityksettömänä esineenä. Ilman huolellisuutta emme pysty pujottamaan lankaa neulansilmän läpi. Kun ompelemme, pistämme sormeemme, jos menetämme tarkkaavaisuutemme hetkeksi-kin. Emme jätä neulaa huolimattomasti lojumaan lattialle, muuten se saattaa lävistää jonkun jalan. *Sadhakan* tulee harjoittaa tällaista tarkkaavaisuutta kaikessa työssään.

95

Työtä tehdessä ei pitäisi puhua. Jos puhut, et pysty keskittymään, ja ilman valppautta suoritettu toiminta on hyödy-töntä. Älä unohda toistaa *mantraa*. Jos työ on sellaista, jota tehdessä ei voi harjoittaa *japaa*, rukoile ennen aloittamistasi: "Jumala, teen Sinun työtäsi, Sinun voimallasi. Anna minulle kestävyyttä ja kykyä tehdä se hyvin."

96

Joka pitää Jumalan jatkuvasti mielessään tehdessään mitä työtä hyvänsä, on oikea *karmajoogi*, todellinen etsijä. Hän näkee Jumalan kaikessa työssään. Hänen mielensä ei ole työssä, vaan lepää Jumalassa.

97

Vain hyvin harvat ihmiset, joilla on aiemmista elämistä peräisin oleva *samskara* (taipumus) tiedon tielle, voivat kulkea sitä. Mutta sellainen, jolla on todellinen *guru*, voi seurata mitä polkua hyvänsä.

98

Meditoidessamme henkistä mestaria tai jumalhahmoa meditoimme todellisuudessa omaa Itseämme. Keskipäivällä päiväntasaajalla, kun aurinko on suoraan pään yläpuolella, ei ole enää varjoa. Muodon meditointi on samanlaista: kun saavutat tietyn vaiheen, meditaation kohteena oleva muoto katoaa. Kun täydellisyyden tila on saavutettu, ei ole enää varjoa, ei kaksinaisuutta, ei harhaa.

99

Ulkoinen valppaus on aluksi tarpeellista. Ellemme ole ulkoisesti valppaita, on sisäisen luontomme valloitus mahdotonta.

Pranayama (Hengitysharjoitukset)

100

Pranayamaa tulisi harjoittaa äärimmäisen varovaisesti. Harjoitukset on tehtävä istuen selkäranka suorana. Tavalliset sairaudet voidaan hoitaa ja parantaa, mutta ei väärin tehtyjen *pranayama*-harjoitusten aiheuttamia häiriöitä.

101

Harjoitettaessa *pranayamaa* tapahtuu suolistossa alavatsan alueella liikehdintää. *Pranayama*-harjoituksilla on tietty kesto. Jos harjoituksen pituutta koskevaa säännös-töä rikotaan, ruuansulatusjärjestelmä vahin-goittuu peruuttamattomasti eikä ruoka enää sula. Tämän vuoksi *pranayamaa* tulee harjoittaa ainoastaan mestarin suorassa ohjauksessa. Hän tietää, mitä missäkin vaiheessa tulee tehdä. Hän osaa opastaa ja antaa tarvittaessa sopivaa yrttihoitoa jne. Kenenkään ei pitäisi harjoittaa *pranayamaa* pelkästään kirjan ohjeiden mukaan. Se saattaa olla terveydelle vahingollista.

102

Lapset, *pranayama*-harjoitusten lukumäärä määräytyy oppilaan vaiheen mukaan. Jos tähän liittyviä sääntöjä ei noudateta, harjoitukset saattavat olla vaarallisia. Niiden vaikutus on samanlainen kuin yritet-täessä täyttää viiden kilon säkki kymmenellä kilolla riisiä.

103

Kumbhaka tarkoittaa hengityksen pysähtymistä, joka tapahtuu saavutettaessa keskittyminen. Voidaan sanoa, että hengitys itsessään on ajatusta. Täten hengityksen rytmi vaihtelee mielen keskittyneisyyden mukaan.

104

Kumbhaka saattaa tapahtua jopa ilman *pranayamaa*, antaumuksen avulla. *Japan* jatkuva harjoittaminen riittää.

Meditaatio

105

Mielen keskittäminen on todellista sivistystä tai tietoa.

106

Voit meditoida kiinnittämällä huomion sydänkeskukseen tai kulmakarvojen väliin. Niin kauan kuin et pysty istumaan mukavasti yhdessä asennossa, sinun tulisi meditoida keskittymällä sydämeen. Kulmakarvojen väliin keskittyvää meditaatiota tulee harjoit-taa vain *gurun* seurassa, koska tämän meditaation aikana pää saattaa kuumentua ja saattaa ilmetä päänsärkyä ja huimausta. Joskus esiintyy unettomuutta. *Guru* tietää mitä tehdä tällaisissa tilanteissa.

107

Meditaatio auttaa mieltä vapautumaan levottomuudesta ja jännittyneisyydestä. Meditaation harjoittamiseksi usko Jumalaan ei ole välttämätöntä. Mieli voidaan keskittää mihin tahansa kehon osaan, tai johonkin muuhun pisteeseen. Meditoija voi myös kuvitella sulautuvansa äärettömyyteen kuten joki sulautuu mereen.

108

Onnellisuus ei tule ulkoisista kohteista, vaan mielen poistumisesta. Meditaation avulla voimme saavuttaa kaiken, mukaan-lukien pitkän iän, elinvoiman, terveyden, viehätysvoiman,vahvuuden, älykkyyden ja autuuden. Mutta meditaatiota tulisi harjoittaa oikealla tavalla, hiljaisuudessa, huolella ja valppaudella.

109

Keskittyminen, kuten mielen puhtauskin, voidaan saavuttaa meditoimalla jotakin Jumalan monista muodoista. Vaikka emme olisi tietoisia siitä, rakastetun jumaluutem-me *sattviset* (puhtaat) ominaisuudet alkavat kehittyä sisällämme. Älä anna mielesi vaellella edes toimettomana istuessasi. Minne katseesi osuukaan, kuvittele näkeväsi valitsemasi jumaluus.

110

Jos haluat meditoida liekkiä, sekin riittää. Katsele kynttilänliekkiä pimeässä huoneessa jonkin aikaa. Liekin tulisi olla vakaa. Voit mietiskellä tätä liekkiä visualisoi-malla sen sydämeesi tai kulmakarvojesi väliin. Kun olet katsellut liekkiä jonkin aikaa ja suljet silmäsi, näet valon. Voit keskittyä myös tuohon valoon. Voit meditoida myös kuvitellen, että rakastettu jumaluutesi seisoo liekissä. Uhritulessa seisovan juma-luuden mietiskely on vielä parempi. Kuvit-tele että viha, kateus, *ego* ja kaikki kielteiset ominaisuudet tuhoutuvat tässä uhritulessa.

111

Älä lopeta meditointia, vaikka visualisoi-masi muoto ei olisikaan selkeä. Kuvittele että näet rakastetun jumaluutesi jokaisen osan sisälläsi, alkaen jaloista ja edeten kohti päätä. Suorita Jumalan rituaalinen kylvetys. Pue Hänet viitoilla ja koruilla. Syötä Häntä omin käsin. Näiden visualisointien ansiosta rakastamasi Jumalan olomuoto ei häviä mielestäsi.

112

Lapset, mielen pakottaminen meditaati-oon on kuin yrittäisi upottaa puupalaa veteen. Heti kun ote irtoaa, puu pulpahtaa pintaan. Jos et pysty meditoimaan, harjoita *japaa*. *Japan* avulla mieli taipuu paremmin meditaatioon.

113

Alkuvaiheessa muodon meditointi on tarpeellista. Tämän harjoituksen avulla mieli kiinnittyy rakastettuun Jumalan olomuo-toon. Miten ikinä meditoitkaan ja mikä meditaatiosi kohde onkaan, keskittyminen on tärkeää. Mitä hyötyä on kiinnittää kirjekuoreen ylimääräisiä postimerkkejä, jos ei kirjoita kuoreen kunnolla osoitetta? *Japan* harjoittaminen ja meditointi ilman keskittymistä on vastaavanlaista toimintaa.

114

Kun yritämme eliminoida kielteisiä ajatuksia, alkavat ne kiusata meitä. Aiemmin, kun sallimme ne itsellemme, ne eivät häirinneet meitä. Vasta omaksuttuamme erilaisen asenteen olemme tulleet tietoisiksi niistä. Kielteiset ajatukset olivat mielessämme aikaisemminkin, mutta silloin emme huomanneet niitä. Kun nämä ajatukset nousevat meditaation aikana mieleemme, meidän tulisi järkeillä tähän tapaan: "Oi mieli, onko mitään hyötyä jäädä näihin ajatuksiin? Onko tavoitteenasi ajatella tuollaisia asioita?" Sinun tulisi kehittää itsessäsi kyky suhtautua maallisiin kohtei-siin ja aja-tuksiin täysin tyynesti. Sinun tulisi harjoittaa takertumattomuutta ja rakkautesi Jumalaa kohtaan tulisi kasvaa.

115

Lapset, jos uneliaisuus vaivaa sinua meditoidessasi, sinun tulee olla erityisen tarkkana sen suhteen, ettet anna unen orjuuttaa itseäsi. Meditaation alkuvaiheissa kaikki *tamasiset* (taannuttavat) ominaislaadut nousevat pintaan. Mutta jos pysyt valppaana, ne häipyvät. Kun tunnet itsesi uneliaaksi, toista mantraa käyttäen apunasi *malaa* (rukousnauhaa). Pidä *malaa* lähellä rintaasi ja toista mantraasi rauhallisesti. Älä nojaa mihinkään ja pidä keho liikkumatta. Jos uneliaisuus jatkuu, suorita *japa* seisten niin, ettet nojaa mihinkään tai liikuta jalkojasi. *Japaa* voidaan harjoittaa myös kävellen edestakaisin.

116

Missä vain olemmekaan, seisomme tai istumme, selkäranka tulisi pitää suorana. Älä meditoi selkä kyyryssä. Mieli odottaa tilaisuutta orjuuttaa meidät. Jos nojaamme johonkin, nukahdamme huomaamattamme.

117

Menee vähintään kolme vuotta oppia kiinnittämään huomio vakaasti meditaation kohteena olevaan muotoon. Aluksi on pyrittävä keskittymään katsomalla valitun jumaluu-den kuvaa. Katsottuamme sitä kymmenen minuuttia voimme meditoida seuraavat kymmenen minuuttia silmät suljettuina. Meditaatiota tällä tavoin harjoitettaessa muoto tulee vähitellen selkeäksi.

118

Yöllä ilmapiiri on rauhallinen, koska uni hiljentää linnut, eläimet ja maalliset ihmiset. Maallisia ajatusaaltoja on yöllä vähemmän. Kukat kukoistavat yön tunteina. Ilmapiirillä on ainutlaatuisen energisoiva vaikutus. Jos meditaatio suoritetaan tänä aikana, mieli saavuttaa helposti yksipisteisyyden ja se pysyy meditaatiossa pitkän aikaa. Joogit valvovat yöllä.

Mantra

119

Jos *mantroissa* (pyhissä sana- tai äänne-yhdistelmissä) ei ole voimaa, silloin ei myöskään sanoissa ole voimaa. Komentamal-la henkilön vihaisesti ulos saa aikaan aivan toisenlaisen vaikutuksen kuin pyytämällä tätä ystävällisesti lähtemään. Eikö kuulijassa syntyvä reaktio olekin erilainen?

120

Mantran tarkoitus ei ole miellyttää Jumalaa vaan tehdä mielestämme puhdas. Mitä Jumala *mantrasta* hyötyisi?

121

Älä vaivaa päätäsi aprikoimalla *mantran* merkitystä; riittää kun toistat *mantraasi*. Pääset *ashramiin* bussilla, autolla, veneellä ja junalla, mutta tuhlaatko aikaasi kulkuneuvon ajattelemiseen? Päämäärän tiedosta-minen riittää.

122

Diksha (vihkimys) voidaan antaa eri tavoin: katseella, kosketuksella, ajatuksella, *mantral-la*. *Mantran* antamisessa kirjoitettuna ei ole mitään väärää. Kun *mantra*vihkimys on annettu, oppilaan koko taakka on siirty-nyt *gurulle. Mantra upadesa* (opetus) pitäisi saada *satgurulta* (valaistuneelta mestarilta). Jos *guru* ei ole aito, lopputulos on sama kuin jos käyt-täisi likaista suodatinta veden puhdistamiseen. Vesi likaantuu entisestään.

123

Lapset, kun olette nousseet bussiin ja ostaneet lipun, älkää ryhtykö huolimattomik-si. Pitäkää lippu tallessa. Jos se hukkuu, lipuntarkastaja poistaa teidät autosta. Älkää myöskään luul-ko työnne päättyneen, kun olette saaneet *mantran*. Vain jos käytätte *mantraa* oikein, vie se teidät perille.

Japa ja bhajan

124

Lapset, vesikasvien seassa on vaikea soutaa. Vene liikkuu helpommin, jos kasvusto poistetaan ensin. Jos mielen epäpuhtaudet poistetaan *japalla* (toistamalla *mantroja*), on meditaatio helpompaa.

125

Jatkuva *japa* ilman *sraddhaa* (tarkkaavaisuutta) on yhtä vahingollista kuin *pranayaman* vääränlainen harjoittaminen. Kun toistat *mantraa*, yritä välttää kaikkia muita ajatuksia. Kiinnitä mielesi huolellisesti joko meditaation kohteena olevaan muotoon tai *mantran* äänteisiin.

126

Lapset, toistakaa *mantraa* aina. Mieli on harjoitettava lakkaamattomaan *japaan*, niin että mitä ikinä teemmekin, *japa* jatkuu.

Hämähäkki kutoo verkkoaan kaikkialla, minne se menee. Samoin myös meidän tulisi ylläpitää *japaa* mielessämme kaikissa askareissamme.

127

Jos meditaation kohteena oleva muoto hiipuu mielestäsi, yritä visualisoida se uudestaan. Voit kuvitella myös vyyhteäväsi ja purkavasi *japan* muodostamaa köyttä rakas-tetun jumaluutesi ympärille päästä jalkoihin ja jaloista päähän. Tämä auttaa kiinnittämään huomiosi rakastamaasi Jumalan olemukseen.

128

Riippumatta siitä, kuinka paljon ruokim-me ja paijaamme kissaa, se varastaa ruokaa heti, kun huomiomme on muualla. Mieli on samanlainen. Mielen kesyttämiseksi ja keskittämiseksi on aina toistettava *mantraa*. *Mantran* tulisi jatkua kävellessä, istuessa ja työskennellessä aivan kuten öljyn virtaus kaadettaessa sitä astiasta toiseen.

129

Sadhanan (henkisten harjoitusten) alkuvaiheissa on muodon mietiskelyn lisäksi myös *japa* tärkeää. Älä ole huolissasi, jos muoto ei ole selkeä; riittää kun jatkat *japaa*. Kun edistyt *sadhanassasi*, mieli kiinnittyy meditaation kohteena olevaan muotoon, ja *japa* hidastuu itsestään.

130

Kaliyugan aikakaudella (materialismin pimeä aikakausi) *bhajan* (antaumuksellinen henkisten laulujen laulaminen) ja *japa* ovat tehokkaita. Sama summa rahaa, joka saatiin ennen myymällä tuhat eekkeriä maata, voidaan nykyaikana saada myymällä yksi eekkeri. Tämä on *Kaliyugan* erityispiirre. Jos pystyt keskittymään viidenkin minuutin ajan, on siitä suurta hyötyä.

131

Lapset, ei ole tarpeen laulaa kaikkia eri *Sahasranamoja* (Jumalan tuhatta nimeä). Mikä tahansa niistä riittää. Jokaiseen niistä sisältyy kaikki.

132

Hämärän aika, jolloin päivä ja yö kohtaavat, on sadhakoille parasta meditointiaikaa, koska silloin on mahdollista saavuttaa hyvä keskittyminen. Tähän aikaan ilmapiiri on täynnä epäpuhtaita värähtelyjä, ja jos ei tällöin harjoita *sadhanaa*, monia maallisia ajatuksia nousee pintaan. Siksi *bhajaneita* tulisi laulaa äänekkäästi hämärän aikaan. Laulu puhdistaa sekä laulajaa että ilmapiiriä.

133

Lapset, laulakaa *bhajaneita* hämärän aikaan mieluiten palavan öljylampun edessä istuen.

Öljylampun palavan sydämen tuottama savu
on *siddha oushadaa* (täydellistä lääkettä). Se
puhdistaa niin meidät kuin ilmapiirinkin.

134

Meditaatioon tarvitaan hiljainen ympäris-tö.
Koska *Kaliyugan* aikakautena on ääniä kaik-
kialla, on *bhajan* meditaatiota tehokka-ampi
tapa keskittyä. Laulamalla ääneen voidaan
voittaa muut häiritsevät äänet ja saavuttaa
keskittyminen. Keskittyminen edeltää medi-
taatiota. *Bhajan*, keskittymi-nen, meditaatio,
tässä järjestyksessä edeten. Lapset, Jumalan
jatkuva muistaminen on meditaatiota.

135

Ilman keskittymistä *bhajanien* laulaminen
on pelkkää energian tuhlausta. *Bhajani-en*
laulaminen keskittyneesti hyödyttää laulajaa,
kuuntelijaa ja luontoa. Nämä laulut auttavat
kuulijan mieltä aikanaan heräämä-än.

136

Lapset, kun mieli on levoton, harjoita *mantrajapaa*. Muuten levottomuus vain kasvaa. Jos mieli ei ole tyyni, se turvautuu ulkoisiin kohteisiin. Jos jokin kohde ei tyydytä sitä, alkaa se tavoitella jotakin toista kohdetta. Nämä ulkoiset kohteet eivät voi antaa meille mielenrauhaa, vain Jumalan muistaminen ja *mantrajapa* voivat palauttaa hiljaisuuden mieleemme. Myös henkisten kirjojen lukeminen on hyväksi.

137

Helmitaulun avulla lapset oppivat nopeas-ti laskemaan. Vastaavasti *mala* on alkuvai-heessa hyödyllinen apuväline mielen hallin-taan. Myöhemmin *japaa* voidaan harjoittaa ilman *malaa*. Jos harjoitamme *japaa* sään-nöllisesti, mantrasta tulee osa meitä. *Japa* jatkuu jopa nukkuessamme.

Lupaukset

138

Lapset, ranta pysäyttää meren aallot. Henkisessä elämässä lupausten noudattami-nen hillitsee mielen aaltoja.

139

Tiettyinä päivinä (*ekadasi* eli kuunkierron 11. päivä, täysikuu, jne) ilmapiiri on täysin epäpuhdas. Tällaisina aikoina on hyvä noudattaa hiljaisuutta ja syödä pelkkiä hedelmiä. Koska hedelmissä on kuori ympä-rillä, ilmapiirin epäpuhtaudet eivät vaikuta niihin kovin paljoa. Nämä päivät ovat otollisia *sadhanalle*. Olivat ajatuksemme sitten maallisia tai henkisiä, näinä päivinä saavutetaan parempi keskittyminen.

140

Etsijän on hyvä tyhjentää vatsansa ainakin kaksi kertaa kuussa. Noudata yhtenä päivänä viikossa hiljaisuutta ja syö pelkkiä hedelmiä. Omista tämä päivä *dhyanalle* (meditaatiolle) ja *japalle* (*mantrojen* toista-miselle). Tämä on hyväksi keholle ja *sadha-nalle*.

141

Etsijä, joka harjoittaa säännöllistä *sadhanaa*, voi tarvittaessa parantaa paaston avulla kehonsa ja mielensä meditaatiokykä. Niiden, jotka tekevät raskasta työtä ja sen rinnalla meditoivat, ei tulisi kuitenkaan paastota. Heidän tulisi nauttia tarvittava määrä ruokaa, hedelmät ovat erittäin hyviä.

142

Puhuminen heti meditaation jälkeen on kuin käyttäisi kovalla työllä ansaitsemansa rahat maapähkinöihin. Meditaatiolla hankittu voima kuluu täysin hukkaan.

143

Etsijän tulisi lausua jokainen sanansa huolellisesti. Hänen tulisi puhua vähän ja hiljaisella äänellä niin, että vain hyvin tarkkaavainen kuulija kuulee hänen puheensa.

144

Jos sairas haluaa parantua, hänen tulee noudattaa joitakin rajoituksia. Myös etsijän tulee noudattaa rajoituksia siihen saakka, kunnes hän saavuttaa määränpään. Mahdol-lisimman vähän keskustelua, hiljaisuus-lupaukset, kontrolloitu ruokavalio: nämä ovat joitakin etsijälle määrättyjä rajoitteita.

145

Lupausten noudattaminen ei ole heikkou-den merkki. Vain taivutettavissa olevista laudoista voidaan rakentaa vene. Ne kuu-mennetaan taivuttamista varten. Samoin myös *sadhaka* voi saattaa mielensä hallin-taan noudattamalla henkistä kurinalaisuutta. Ilman mielen kesyttämistä ei kehoa voi kontrolloida.

Kärsivällisyys ja kurinalaisuus

146

Lapset, henkinen elämä on mahdollista vain sille, jolla on kärsivällisyyttä.

147

Kenenkään henkistä edistyneisyyttä ei ole mahdollista arvioida tämän ulkoisten toimi-en perusteella. Jotain voidaan kuitenkin päätellä siitä, miten henkilö reagoi epä-suotuisiin olo-suhteisiin.

148

Kuinka pikkuasioista suuttuva ihminen voisi johdattaa maailmaa? Lapset, vain kärsivällinen henkilö voi opastaa muita. *Egon* täytyy olla täysin poispyyhkiytynyt. Tuoli ei valita, vaikka kuinka moni ihminen istuisi sillä. Myös meidän tulisi kehittää itsessämme vahvuutta sietää ja antaa anteeksi riippumat-ta siitä, kuinka moni ihminen meille suuttuu. Muuten ei *sadhanan* suorittamisesta ole mitään hyötyä.

149

Suuttuessamme menetämme paljon siitä voimasta, jonka olemme hankkineet *sadhanalla*. Liikkeessä oleva kulkuneuvo ei kuluta paljoakaan energiaa, sen sijaan pysäyttämi-nen ja uudelleen käynnistys vie paljon enemmän. Kun suutumme, voima virtaa ulos jokaisesta huokosestamme.

150

Kun tupakansytytintä painaa tarpeeksi monta kertaa, siitä loppuu kaasu. Tiedämme tämän, vaikkemme näkisikään kaasun hupenemista. Samoin voidaan hyvillä ajatuk-silla hankittu energia menettää monin tavo-in. Esimerkiksi suuttuessamme menetämme kaiken, mitä *sadhanalla* olemme saavutta-neet. Puhues-samme energian tuhlaus tapah-tuu vain suun kautta, mutta suuttuessamme energia pakenee silmiemme ja korviemme lisäksi kehomme jokaisesta huokosesta.

151

Lapset, tarkan aikataulun noudattaminen on erittäin tärkeää henkiselle pyrkijälle. Hänen tulisi ylläpitää päivittäistä rutiinia, johon kuuluu tietyn kestoinen *japa* ja meditaatio. Hänen tulisi kehittää tapa meditoida tiettyyn kellonaikaan joka päivä. Tämä tapa ohjaa häntä.

152

Ne, joilla on aikataulu henkisiä harjoituksia varten, noudattavat sitä automaattisesti. Henkilö, joka on tottunut juomaan tiettyyn kellonaikaan teetä, haluaa saada teensä juuri tuolloin. Muutoin hän tulee levottomaksi ja kiirehtii teelle.

Nöyryys

153

Pyörremyrskyt kaatavat taloja ja repivät suuria puita irti maasta. Mutta oli myrsky kuinka valtava tahansa, se ei voi koskea ruohoon. Tässä piilee nöyryyden suuruus.

154

Toisille kumartaminen ei ole heikkouden merkki. Meillä pitäisi olla suuruutta kumartaa jopa ruoholle. Jos henkilö päättää ottaa kylvyn mutta ei ole valmis kumartamaan joelle (pulahtamaan jokeen), hän ei puhdistu. Jos *sadhaka* sanoo: "Minä en kumarra muita", hän ei salli tietämättömyytensä tuhoutua.

155

Ihminen väittää egoistisesti, että hän voi polttaa maailman tuhkaksi vain nappia painamalla. Painaakseen nappia hänen kätensä täytyy

kuitenkin liikkua. Hän ei tule ajatel-leeksi
tämän liikkeen takana olevaa Voimaa.

156

Ihminen sanoo valloittaneensa maailman.
Hän ei kykene laskemaan edes hiekanjyviä
jalkojensa alla. Silti tällainen pikkutekijä sanoo
valloittaneensa maailman.

157

Oletetaanpa, että joku on suuttunut sinulle
täysin ilman syytä. Jopa silloin sinulla tulisi
olla nöyryyttä kumartaa hänelle ymmärtäen,
että tilanne on Jumalan näytelmää, jonka tar-
koituksena on koetella sinua. Vasta kun tämä
on mahdollista, voidaan sanoa, että meditaa-
tiosta on ollut hyötyä.

158

Lapset, puu tarjoaa ihmiselle viilentävän
varjonsa jopa silloin, kun hän on kaatamassa
sitä. Henkisen etsijän tulisi olla samanlai-nen.

Vain sellaista, joka rukoilee jopa piinaajiensa hyvinvoinnin puolesta, voidaan todella sanoa henkiseksi ihmiseksi.

Itsekkyys ja mielihalu

159

Lapset, *ego* nousee mielihaluista ja itsekkyydestä. Se ei synny itsestään vaan luomalla.

160

Oletetaan, että lähdemme keräämään rahaa. Odotamme saavamme eräältä miehel-tä kaksisataa markkaa, mutta saammekin vain viisikymmentä. Suutumme niin, että syöksymme hänen kimppuunsa ja annamme hänelle selkäsaunan. Tapauksesta seuraa oikeusjuttu. Emmekö suuttuneetkin siksi, että emme saaneet niin paljon kuin halusim-me? Mitä hyötyä on syyttää Jumalaa, jos saamme rangaistuksen omista teoistamme? Suuttumus on seurausta ennakko-odotuk-sista ja mielihaluista seuraa mielipaha. Tämä on seuraus mielihalujen perässä juoksemi-sesta.

161

Jumalan armon tuuli ei voi kohottaa meitä, jos kannamme mukanamme mielihalu-jen ja *egon* taakkaa. Lastia tulisi keventää.

162

Puussa, joka varistaa kaikki lehtensä, kasvaa paljon kukkia; muissa puissa kukkia on vain siellä täällä. Lapset, kun olemme täysin vapaita sellaisista kielteisistä taipumuksista kuin itsekkyys, *egoismi* ja kateus, voimme nähdä Jumalan.

163

Sadhakassa ei tulisi olla itsekkyyden häiväää-kään. Itsekkyys on kuin mato, joka imee meden kukista. Jos tällaisten matojen annetaan kasvaa, puun kaikki hedelmät ovat pian täynnä niitä. Sellaiset hedelmät ovat kelvottomia. Jos itsekkyyden sallitaan kasvaa, se nakertaa pois kaikki hyvät ominaisuutemme.

164

Lapset, *sadhakan* ja maallisen ihmisen mie-lihalujen välillä on suuri ero. Mielihalut tulevat häiritsemään maallista ihmistä yksi toisensa jälkeen, kuin aallot. Hänen halunsa ovat loppumattomat. Henkisellä etsijällä on mielessään vain yksi halu. Kun se on täytetty, ei niitä enää ole.

165

Henkisen pyrkijän itsekkyys on maailmal-le hyödyksi. Kylässä asui kaksi poikaa. Molem-mat saivat kiertelevältä *sanjaasilta* tähkän. En-simmäinen poika paistoi ja söi sen tyydyttäen näin nälkänsä. Hän oli maallinen ihminen. Toinen poika kylvi siemenet tuottaen paljon viljaa, minkä hän sitten jakoi muille. Lapset, molemmilla pojilla oli itsekkyyttä ottaa tähkä vastaan, mutta toisen pojan itsekkyys koitui ihmisten hyödyksi.

166

On vain yksi *Atman*. Se läpäisee kaiken. Kun meistä tulee avaramielisiä, voimme sulautua siihen. Silloin itsekkyys ja *ego* katoavat ikuisiksi ajoiksi. Tuohon perimmäi-seen tietoisuuden-tilaan asettuneelle kaikki on samanarvoista. Lapset, älkää hukatko hetkeäkään vaan palvelkaa muita ja auttakaa varattomia. Älkää odottako keneltäkään mitään vastalah-jaksi, vaan palvelkaa maailmaa epäitsek-käästi.

167

Pienellä itsekkyydellä voi päästä eroon suuresta itsekkyydestä. Kun kiinnität seinään pienen ilmoituksen, jossa lukee: "Ilmoitusten kiinnittäminen kielletty", pysyy muu seinä puhtaana. Jumalaan kohdistuva itsekkyys on tämänkaltaista.

Ruoka

168

Ellei uhraa kielen nautintoja, ei voi nauttia sydämen mausta.

169

Emme voi sanoa yksiselitteisesti: "Syö tätä, älä syö tuota". Ruokavaliomme vaikutus meihin riippuu ilmastollisista olosuhteista. Sen tyyppinen ruoka, jota vältämme täällä Etelä-Intiassa, saattaa olla hyväksi Himala-jalla.

170

Meidän tulisi rukoilla Jumalaa ennenkuin käymme syömään. Siksi laulamme *mantroja* ennen ruokailua. Sopiva aika testata kärsivällisyyttämme on silloin, kun ruoka on edessämme.

171

Askeetikon ei tarvitse kulkea etsimässä ruokaansa. Hämähäkki kutoo verkkonsa ja jää sitten paikoilleen. Se ei lähde mihinkään etsimään ruokaa, sillä saalis jää kiinni sen verkkoon. Samalla lailla askeetikon ruoka tulee hänen luokseen, mutta jotta niin todella tapahtuisi, hänen täytyy olla täydellisesti antautunut Jumalalle.

172

Ruokavaliolla on suuri vaikutus luonteeseemme. Vanhaksi käyneet ruuat lisäävät *tamasisuuttamme* (velttouttamme).

173

Sadhanan alkuvaiheissa *sadhakan* tulisi kontrolloida syömistään. Hallitsematon ruokavalio tuottaa huonoja ominaisuuksia. Vastakylvetyt siemenet täytyy suojata variksilta. Kun siemenestä on kasvanut puu, voi mikä tahansa lintu huoletta tulla sen oksille tai rakentaa pesänsä siihen. Aluksi on tarkkailtava ruokavaliota ja harjoitettava *sadhanaa*. Myöhemmin voidaan syödä tulisesti maustettuja, happamia ruokia, tai muutakin kuin kasvisruokaa ilman haittavaikutuksia. Mutta lapset, vain koska Amma sanoo, että silloin voi syödä mitä tahansa ruokaa, älkää syökö näitä ruokia edes tuolloin. Teidän tulisi elää esimerkillisesti, silloin muut pystyvät oppimaan tarkkailemalla teitä. Vaikka itse olisimme terveitä, meidän ei pidä syödä maustettuja ja happamia ruokia keltatautisen edessä (keltatautisella ihmisel-lä on hallitsematon himo tällaisia ruoka-aineita kohtaan, mutta ne ovat hänelle kuolemaksi). Jotta voisimme tehdä muista hyviä, meidän tulee harjoittaa itsekontrollia.

174

Ihmiset sanovat, että teen juomisen tai tupakoinnin lopettaminen on helppoa, silti monet eivät pysty tekemään sitä. Kuinka joku voisi hallita mielensä, ellei hän pysty hallitsemaan edes näitä hupsuja asioita? Ensin on voitettava tällaiset itsestäänselvät esteet. Jos henkilö ei pysty ylittämään puroa, kuinka hän voisi koskaan pystyä ylittämään valtame-ren?

175

Aluksi *sadhakan* ei tulisi syödä lainkaan koju- tai ravintolaruokia. Mittaillessaan aineksia liikkeenharjoittaja ajattelee vain omaa voittoaan. Teetä valmistaessaan hän ajattelee: "Tarvitaanko tähän näin paljon maitoa? Eikö sokeria voisi laittaa vähän vähemmän?" Hän ajattelee koko ajan vain kulujen vähentämistä ja oman voittonsa kasvattamista. Näiden ajatusten värähtely vaikuttaa *sadhakaan*.

Olipa kerran *sanjaasi*, jolla ei ollut tapana lukea sanomalehtiä. Eräänä päivänä hänen saatuaan ruokaa eräästä talosta hänessä heräsi voimakas halu lukea sanomalehteä. Siitä päivästä lähtien hän alkoi unelmoida sanomalehdistä ja uutisista. Hänen tiedustel-tuaan asiasta ilmeni, että ruuan valmistanut palvelija oli lukenut sanomalehteä valmis-taessaan ruokaa. Hänen huomionsa ei ollut ruuanlaitossa vaan sanomalehden lukemisessa. Nämä ajatusaallot vaikuttivat *sanjaasiin*.

176

Älä koskaan ylensyö. Vatsan täyteen ahmiminen on erittäin haitallista terveydelle ja *sadhanalle*. Vatsa tulisi täyttää vain puoleenväliin ruualla, neljänneksen verran vedellä, ja loppu jättää tyhjäksi ilman liikkeitä varten. Mitä vähemmän syöt, sen paremmin hallitset mieltäsi. Älä ryhdy nukku-maan tai meditoimaan heti syötyäsi, muuten ruoka ei sula kunnolla.

177

Kun meissä on kehittynyt rakkaus Juma-laa kohtaan, muistutamme kuumetautista ihmistä. Kuumeen kaatamalle ihmiselle ei ruoka maistu. Jopa makea ruoka maistuu hänestä kitkerältä. Kun rakastamme Juma-laa, ruoka-halumme vähenee itsestään.

Brahmacharya (selibaatti)

178

Lapset, tulisesti maustetut ja happamat ruuat ovat haitallisia *brahmacharyalle*. Liikaa suolaa tulee välttää. Makea ruoka on harmitonta tiettyyn rajaan saakka. Ei ole hyväksi syödä jugurttia illalla ja maitoa tulee käyttää vain vähän. Juotavaksi tarkoitettu maito tulisi sekoittaa samaan määrään vettä ja sitten keittää. Liikaa öljyä tulee välttää tai muuten kehoon kertyy rasvaa, mikä puoles-taan lisää siemennesteen tuotantoa.

179

Maukkaiden ruokien usein toistuvaa nauttimista tulisi välttää. Jos halu maukasta ruokaa kohtaan kasvaa, lisääntyvät myös kehon kiusaukset. Aamuisin on paras olla syömättä mitään, ja iltaisin syödä vain vähän.

180

Nukkuessa tapahtuvasta siemennesteen karkaamisesta ei tarvitse olla huolissaan. Oletko nähnyt, kuinka lehmän lannasta valmistetaan pyhää tuhkaa? Ensin lanta poltetaan ja palamistuote sekoitetaan veteen. Vesiastiaan on sijoitettu harso-kangasta, jonka toinen pää roikkuu ulkona. Ylimääräinen vesi tippuu astiasta ulos sitä pitkin, mutta saosta ei menetetä. Pyhä tuhka on valmista vasta, kun vesi on poistunut. Mutta olkaa erityisen tarkkoja sen suhteen, että siemenpäästöt eivät tapahdu uneksies-sanne.

181

Lapset, jos tunnette siemensyöksyn olevan lähellä, nouskaa välittömästi ylös, meditoikaa tai tehkää *japaa*. Vaikka se ei pääsisikään tapahtumaan, harjoittakaa joka tapauksessa *sadhanaa* ja paastotkaa seuraava päivä. Joessa tai meressä kylpeminen on hyväksi *brahmacharyalle*.

182

Tiettyinä kuukausina ja päivinä ilmapiiri on täysin epäpuhdas. Vaikka olisit kuinka tarkkana, saattaa silloin siemensyöksy silti tapahtua. Jakso heinäkuun puolestavälistä elokuun puoliväliin on tällaista aikaa.

183

Mielen keskittymisestä seuraava kuumuus saa aikaan *brahmacharyan* voiman (seksuaalivoiman) muuntumisen *ojasiksi* (henkiseksi energiaksi, jalostuneeksi elinvoimaksi). Jos maallinen ihminen noudattaa selibaattia, tulisi hänen harjoittaa myös *sadhanaa*, sillä muuten *brahmacharyan* voima ei muutu *ojasiksi*.

Sadhaka ja sadhana

184

Lapset, meidän ei tulisi odottaa miltään luodulta olennolta mitään. Päästäksemme siihen harjoitamme *sadhanaa*.

185

Jumalan ilmestyksen saavuttamiseen ei ole oikotietä. Vaikka karamelli maistuu makealle, sitä ei nielaista kokonaisena — muuten se vahingoittaisi kurkkua. Sitä tulee imeskellä hiljalleen ja sitten vasta niellä. Samoin myös *sadhanaa* tulee harjoittaa säännöllisesti ja kärsivällisesti.

186

Meditaatiosta ja *japasta* ei ole hyötyä, jos emme tunne rakkautta Jumalaa kohtaan. Mutta ne, jotka ajattelevat voivansa lykätä *sadhanan* aloittamista kehittäessään ensin rakkauttaan

Jumalaa kohtaan, ovat laiskureita. He ovat kuin ihmisiä, jotka odottavat valtameren aaltojen asettuvan ennen kuin menevät uimaan.

187

Sadhana täyttää meidät *shaktilla* (energialla), ja keho vapautuu sairauksista. Lopulta voimme toimia missä tilanteessa hyvänsä murtumatta.

188

Rakastettu jumalamme vie meidät oival-luksen kynnykselle. Jos on matkustanut viisikymmentä kilometriä bussilla Vallicka-vuun, on helppo kävellä viimeinen kilometri matkatessaan *ashramiin*. Jumalamme vie meidät portille, jonka toisella puolen odottaa *Akhanda Satchid-ananda* (jakamaton olemi-nen - tietoisuus - autuus).

189

Lapset, ennen kuin ryhdymme opettamaan maailmaa, meidän tulee hankkia siihen tarvittava vahvuus. Ne, jotka matkustavat Himalajalle, ottavat mukaansa villavaatteita suojaamaan itseään kylmältä. Samalla tavoin myös meidän on voimistettava mieltämme ennen astumistamme ulos maailmaan niin, ettemme anna vastoinkäymisten häiritä meitä. Tämä on mahdollista ainoastaan *sadhanan* avulla.

190

Todellista *satsangia* (pyhää seuranpitoa) on *jivatman* (yksilöllisen itsen) ja *Param-atman* (Perimmäisen Itsen) yhtyminen.

191

Jos haluamme kovasti taateleita, kiipeämme tarvittaessa vaikka ampiaisia kuhisevaan puuhun poimimaan hedelmät. Samoin sellainen ihminen, jolla on *lakshya bodhaa* (tahtoa päämäärän saavuttamiseksi), voittaa mitkä vaikeudet tahansa.

192

Alkuvaiheessa pyhiinvaellusmatkat ovat hyödyllisiä *sadhakalle*. Kovia kokemuksia sisältävät matkat auttavat häntä ymmärtämään maailman luonnetta. Kuitenkin sellai-nen, joka ei ole hankkinut kestävyyttä *sadhanalla*, murtuu maailman koettele-muksissa. Siksi tarvitaan yhdessä paikassa tapahtuvaa jatkuvaa *sadhanaa,* aikaa tuhlaa-matta.

193

Asanan (istuma-asennon) täydellistämi-nen on ensimmäinen *sadhakalta* vaadittava asia. Tämä ei välttämättä ole helppo tehtävä. Istu joka päivä viisi minuuttia pidempään kuin edellisenä päivänä. Tällä tavoin pystyt vähitellen istumaan yhtämittaisesti kaksi tai kolme tuntia. Jos saavuttaa tähän vaaditta-van kärsivällisyyden, kaikki tapahtuu helposti.

194

Lapseni, Jumalalle itkeminen viiden minuutin ajan vastaa tunnin meditaatiota. Itkemisen avulla mieli uppoutuu helposti Jumalan muistamiseen. Jos itkeminen ei onnistu, rukoile: "Oi Jumala, miksi en kykene itkemään Sinulle?".

195

Henkisen pyrkijän ei tulisi itkeä ohimenevien asioiden vuoksi. Hänen tulee itkeä ainoastaan Totuuden perään. Vuodattakaa kyyneleitä vain Jumalalle. Henkinen pyrkijä ei saa koskaan olla heikko. Hänen täytyy kantaa koko maailman taakkaa harteillaan.

196

Voimme ilmaista suhtautumistamme sanoilla, kyynelillä ja naurulla. Lapset, vasta kun kyyneleet ovat pesseet pois mielemme epäpuhtaudet, voimme hymyillä avoimin sydämin. Silloin sarastaa todellinen onnelli-suus.

197

Sadhana on tärkeää. Vaikka kasvi sisäl-tyykin jo siemeneen, versoo se vain, jos sitä ravitaan ja sen kasvusta huolehditaan. Samoin, vaikka perimmäinen totuus asustaa jokaisessa elävässä olennossa, alkaa se loistaa meissä vasta *sadhanan* avulla.

198

Jos kasvista ei huolehdita kunnolla istuttamisen jälkeen, se kuihtuu. Mutta jos siitä huolehditaan asianmukaisella tavalla, se ei vahingoitu vaan siitä kehittyy terve kasvi. Vaikka siltä leikattaisiin latva pois, kasvattaa se monia uusia versoja. Vaikka säännöt olisivat vaikeitakin, täytyy *sadha-kan* alkutaipaleellaan noudattaa niitä. Vain siten hän voi kasvaa.

199

Henkiselle pyrkijälle on hyväksi ainakin kerran kuussa vierailla slummeissa, sairaalo-issa jne. Nämä käynnit auttavat häntä ymmärtämään elämän kurjuutta ja tekevät hänen mielestään vahvan ja myötätuntoisen.

200

Asettumaan laitetun maidon on annettava olla rauhassa. Vain silloin siitä saadaan jugurttia ja voita. *Sadhanan* alkuvaiheissa tarvitaan hiljaisuutta ja yksinäisyyttä.

201

Kylvettyään siemenet viljelijä huolehtii, etteivät kanat syö niitä. Siementen versottua ei huolta enää ole. Alussa etsijän ei tulisi olla kiinnittynyt kehenkään. Erityisesti perhe-elämää viettävien tulisi olla hyvin tarkkana tämän suhteen. Älkää tuhlatko aikaa naapurien kanssa lörpöttelyyn. Aina kun mahdollis-ta, varatkaa itsellenne aikaa *japaa*, *bhajanei-den* laulamista ja meditaatiota varten.

202

Syvällä merellä ei ole lainkaan aaltoja. Niitä esiintyy vain matalikoilla lähellä rannikkoa. Täydellisyyden saavuttaneet ovat tyyniä. Sellaiset, joilla on vain vähän tietoa, jotka ovat juuri lukeneet kaksi tai kolme henkistä kirjaa, aiheuttavat ongelmia.

203

Meren aaltoja ei voida hävittää, eikä mielen ajatuksia väkisin poistaa. Kun mieli on saavuttanut syvyyttä ja laajuutta, ajatusaallot tyyntyvät itsestään.

204

Lapset, siemeneen sisältyy niin todellinen kuin epätodellinenkin. Kun siemen on kylvetty, sen kuori murtuu ja maatuu ja siemenen sisältö versoo ja kasvaa. Samoin meissä on sekä todellinen että epätodellinen. Jos elämme pitäytyen todelliseen, mikään ei huoleta meitä ja tulemme laajenemaan. Jos turvaudumme epätodelliseen, emme voi kasvaa.

205

Sellaiselle, joka tuntee todellisuuden, on koko maailma hänen omaansa. Hän ei voi nähdä mitään erillisenä omasta Itsestään.

206

Jokaisen arvo määritellään hänen tekojensa mukaan. Vaikka joku olisikin hyvin koulutettu ja hienossa työpaikassa, ei kukaan arvosta häntä, jos hän varastaa. *Sadhakan* kehitystä tulisi arvioida hänen tekojensa perusteella.

207

Oletko nähnyt, kuinka sotilaat ja poliisit seisovat kuin patsaat sateessa ja kuumassa auringonpaisteessa? Missä tahansa *sadhaka* seisoo, istuu tai makaa, tulee myös hänen olla täydellisen levollinen ilman tarpeetonta käsien, jalkojen tai vartalon liikuttelua. Tämän vuoksi hänen tulisi kuvitella, että keho on kuollut. Harjoituksen avulla tästä tulee lopulta tapa.

208

Ne, jotka haluavat viedä veneen merelle ranta-aaltojen toiselle puolen soutavat lujaa, silmät kiinni. Vaikka rannalla olevat ihmiset kannustavat heitä huitoen ja huutaen, eivät soutajat kiinnitä heihin mitään huomio-ta. Soutajan ainoa ajatus on saada vene aaltojen kurimuksen toiselle puolen. Kun hän on ylittänyt aallot, ei hänellä ole enää mitään pelättävää. Tarvittaessa hän voi halutessaan vaikka nojata muutaman minuutin airoihin. Myös sinä olet ylittämässä aaltoja. Pysyttele tarkkana äläkä kiinnitä huomiota muihin seikkoihin. Pidä määränpää kirkkaana edessäsi, siten pääset perille.

209

Henkisen pyrkijän tulisi olla hyvin varovainen suhteessaan vastakkaiseen sukupuoleen. Pyörremyrskyn vaarallisuuden oivaltaa vasta silloin, kun se nappaa sinut otteeseen-sa ja heittää nurin.

210

Lapset, vesi itsessään on väritöntä, mutta järvet ja lammet heijastavat taivaan väriä. Samoin näemme huonoja ominaisuuksia toisissa ihmisissä, koska omassa luonteessamme on vikoja. Yritä aina nähdä muiden hyvät puolet.

211

Sadhakan ei tulisi osallistua häihin tai hautajaisiin. Niin nuori kuin vanhakin ajattelee häissä avioliittoa ja hautajaisissa kaikki murehtivat kuolevaisen olennon menetystä. Ajatusaallot molemmissa ovat haitallisia etsijälle. Nämä värähtelyt vaikut-tavat alitajuiseen mieleen tehden sen levottomaksi epätodellisten asioiden suhteen.

212

Henkisen ihmisen tulisi olla kuin tuuli. Tuuli puhaltaa puolueetomasti sekä tuoksu-vien kukkien että löyhkäävän ulosteen yli. *Sadhakan* ei tulisi kiintyä niihin, jotka osoittavat pitävänsä hänestä eikä myöskään olla pahantahtoinen niitä kohtaan, jotka kohtele-vat häntä huonosti. Jokainen on hänelle samanarvoinen. Hänen tulee nähdä Jumala kaikessa.

213

Hedelmä, joka vaikuttaa ulkoisesti kypsäl-tä, mätänee pian. Sisältä päin kypsymisen aloittanut hedelmä on toisenlainen. Siksi sisäänpäin suuntautuminen on tarpeellista. Voimme nauttia sisäisestä onnesta. Jos onnellisuutemme riippuu ulkoisista kohteis-ta, kohtaamme vain ongelmia.

214

Päivällä nukkuminen ei ole hyväksi. Jos nukumme päivällä, tunnemme itsemme uupuneeksi, kun heräämme. Sen sijaan noustessamme ylös aamulla yöunen jälkeen tunnemme itsemme energiseksi. Syynä tähän on se, että päiväsaikaan ilmapiiri on täynnä epäpuhtaita ajatusaaltoja, kun taas yöllä ilmapiiri on huomattavasti vähemmän saastunut. Siksi *sadhakat* meditoivat yöllä. Viiden tunnin meditaatio yöllä vastaa kymmenen tunnin meditaatiota päivällä.

215

Kävellessäsi, istuessasi, kylpiessäsi — mitä tahansa tehdessäsi — kuvittele että rakastettu jumaluutesi on vierelläsi ja hymyilee sinulle. Oli sinulla millaisia murheita tahansa, katso luontoa ja näe jumaluutesi olemus puissa, vuorissa, ja niin edelleen, ja jaa tuntemuksesi niiden kanssa. Kuvittele rakastamasi Jumalan olemus taivaalle. Kutsu Häntä ja itke Hänelle sinne. Miksi kertoa surujasi muille?

216

Lähellämme olevan ihmisen puhe luo tietynlaisen auran ympärillemme. Huonossa seurassa muodostuu negatiivinen aura, joka lisää epäpuhtaiden ajatustemme määrää. Tämän vuoksi *satsangin* (pyhän seuran) sanotaan olevan tarpeellista.

217

Kun kuvanveistäjä katselee puuta tai kiveä, hän näkee vain muodon, joka siitä voidaan veistää, kun taas muut näkevät vain kiven tai kappaleen puuta. Etsijän tulisi erotella ikuisen ja ohimenevän välillä ja elää valppaana. Hänen tulee pitäytyä vain ikuiseen. Jumala on ikuinen, maalliset asiat eivät.

218

Lapset, pienen lapsen alastomuus ei houkuta meitä. Meidän pitäisi pystyä katso-maan ketä tahansa samalla tavoin. Kaikki riippuu mielestä.

219

Sadhakan tulisi olla huolellinen *sadhanansa* alkuvaiheissa. Ennen kello yhtätoista aamulla ja kello viiden jälkeen illalla ovat suotuisinta aikaa meditaatiolle. Heti medi-taation jälkeen tulisi siirtyä selinmakuulle (*savasanaan,* 'kuolleen asentoon') ja olla siinä vähintään kymmenen minuuttia. Vaikka olisit meditoinut vain tunnin, tulisi sinun pysytellä sen jälkeen hiljaa ainakin puoli tuntia. Vain ne, jotka toimivat näin, saavat meditaatiosta irti sen täyden hyödyn.

220

Lääkepiikin antamisen jälkeen menee jonkin aikaa, ennen kuin se on levinnyt joka puolelle kehoa. Samoin myös henkisten harjoitusten jälkeen meidän tulisi viettää jonkin aikaa hiljaisuudessa. Jos kahden tunnin meditaation jälkeen alkaa heti puhua maallisista asioista, kaikki, mitä harjoituksella saavutettiin, menetetään. Jopa viisi vuotta tällaista meditaation harjoitusta on hyödytöntä.

221

Jos joku hukkaa aikaasi puhumalla tarpeettomia asioita, sinun tulisi joko hiljaa toistaa *mantraasi* tai mietiskellä rakasta-maasi Jumalan olemusta. Kuvittele, että henkilö joka puhuu, on valitsemasi jumaluus tai piirrä maahan kolmio ja kuvittele jumaluutesi seisovan sen sisällä. Ota maasta pieniä kiviä, kuvittele niiden olevan kukkia ja laske ne Jumalan jalkojen juureen. Keskustele ainoas-taan henkisistä asioista. Ne, joilla on vetoa henkisyyteen, kuuntelevat ja muut lähtevät heti pois. Tällä tavoin ei mene yhtään aikaa hukkaan.

222

Lapset, *sadhakan* pelkkä henkäys riittää puhdistamaan ilmapiirin, sellainen voima siinä on. Vaikka siihen saattaa mennä aikaa, tiede tulee väistämättä pääsemään perille tästä. Vasta silloin ihmiset uskovat sen täysin.

223

Ihmiset eivät ole ainoita olentoja, joilla on kyky puhua. Myös eläimet, linnut ja kasvit pystyvät kommunikoimaan, mutta me emme kykene ymmärtämään niitä. Se, joka on kokenut Itsen, tuntee nämä asiat.

Sadhaka ja sukulaiset

224

Lapset, jos kukaan muu ei voi huolehtia perheen vanhemmista, on pojan velvollisuus pitää heistä huolta vaikka hän olisi valinnut henkisen tien. Meidän tulisi nähdä vanhempamme omana itsenämme ja palvella heitä sen mukaisesti.

225

Jos vanhemmat ovat henkisen elämän esteenä, ei heitä tarvitse totella.

226

Onko oikein lähteä henkiselle tielle, jos sen joutuu tekemään vasten vanhempiensa tahtoa? Oletetaanpa, että nuoren miehen olisi mentävä lukemaan lääketiedettä kauas kotoaan, eivätkä vanhemmat hyväksy sitä. Jos poika ei tottele heitä vaan lähtee opiskelemaan ja valmistuu lääkäriksi, hän voi pelastaa tuhansia ihmisiä kuolemasta, myös vanhempansa. Hänen päättäväisyytensä hyödyttää maailmaa. Siinä ei ole mitään pahaa. Jos hän olisi totellut vanhempiaan, olisi hän voinut vain hoitaa heitä mutta ei pelastaa kuolemalta. Ihmisen todellinen pelastaminen tarkoittaa kuitenkin hänen pelastamistaan kuolemalta ikuisesti eli kuolematto-muuteen johdattamista. Vain henkinen etsijä voi rakastaa ja palvella maailmaa epäitsek-käästi ja todella pelastaa muita. Eivätkö Sankaracharya ja Ramana Maharshi tulleet-kin äitiensä avuksi ja pelastivat heidät ikuisesti kuolemalta antamalla heille *moks-han* (vapautuksen)?

(Huomautus: Vaikka molemmat näistä suurista pyhimyksistä lähtivät kotoa nuorel-la iällä, he palasivat lopulta auttamaan vanhempiaan. Vuosien eron jälkeen Sankara-charya tuli kuolinvuoteellaan makaavan äitinsä luo ja siunasi hänet Jumalan ilmes-tyksellä. Ja kun

Ramana Maharshin *sadha-na*-jakso oli ohitse ja tällä viisaalla oli asumiseen soveltuva paikka, hän kutsui äitinsä luokseen. Äiti asui hänen kanssaan Tiruvannamalaissa kuolemaansa saakka, jolloin myöskin hän sulautui Jumalaan poikansa suoman armon välityksellä.)

227

Valittuamme henkisen tien meidän on päästettävä irti perheistämme ja sukulaisistamme, muuten emme voi edistyä. Jos vene on ankkuroitu, emme pääse eteenpäin, vaikka soutaisimme kuinka kovaa. Omistettuamme elämämme Jumalalle meidän tulee uskoa vakaasti, että Hän huolehtii perheistämme.

228

Lapset, kuka on oikea äitimme ja isämme? Nekö, jotka hedelmöittivät ja synnyttivät kehomme? Ei missään tapauksessa. He ovat vain kasvattivanhempiamme. Oikea äiti ja isä kykenee palauttamaan elämän kuolevalle lapselleen. Vain Jumala on sellainen. Tämä tulisi muistaa aina.

229

Pienet kasvit kasvavat suurten puiden varjossa suotuisissa olosuhteissa aikansa, mutta puiden pudotettua lehtensä alkavat pikkukasveilla huonot ajat ja ne korventuvat kuumassa auringossa. Sukulaisten suojassa kasvavien tilanne on tällainen.

Arkielämää varten

230

Nykyään ihmisten antaumus ja rakkaus Jumalaa kohtaan on samanlaista kuin naapureita kohtaan. Kun emme saa naapure-ilta mitä haluamme, ryhdymme riitelemään heidän kanssaan. Samoin teemme Jumalan kanssa: jos hän ei täytä kaikkia pikkumaisia pyyntöjämme, emme enää harjoita *japaa* emmekä rukoile.

231

Kuinka kovasti puurrammekaan, jotta voittaisimme oikeusjutun! Kuinka pitkään olemmekaan valmiita jonottamaan ja sietä-mään tönimistä, työntämistä ja potkimista vain saadaksemme lipun elokuviin! Näemme mielihyvin kaiken tämän vaivan ulkoisen onnen tähden. Jos tekisimme samanlaisia uhrauksia henkisen elämän eteen, pääsisim-me nauttimaan ikuisesta autuudesta.

232

Oletetaan, että lapsi saa käteensä haavan. Jos yritämme lohduttaa häntä sanoen: "Sinä et ole keho, et myöskään mieli taikka äly", hän ei ymmärrä mitään ja vain itkee. Ei myöskään maalliselle ihmiselle ole hyötyä kertoa: "Sinä et ole keho, olet *Brahman* (perimmäinen todellisuus). Maailma on epätodellinen". Ehkä jotain pientä muutosta saattaa tapahtua näiden asioiden kertomisen seurauksena, mutta ennemminkin meidän pitäisi kertoa hänelle käytännönläheisiä asioita, joita hän voi soveltaa jokapäiväiseen elämäänsä.

233

Lapset, monet niistä, jotka innostuvat äkillisesti henkisyydestä kuultuaan aiheesta luentoja, eivät todellisuudessa kykene elämään vakaata henkistä elämää. Vaikka vieteriä puristaisi kuinka kauan, palaa se takaisin alkuperäiseen muotoonsa heti, kun siitä päästää irti.

234

Lapset, nykyään ei kellään näytä olevan aikaa käydä temppeleissä tai *ashrameissa* eikä harjoittaa *sadhanaa*. Mutta jos lapsemme on sairas, olemme valmiita odottamaan ja valvomaan sairaalan käytävällä kuinka kauan tahansa. Jos kyseessä on neliömetri maata, odotamme oikeustalon edessä satees-sa ja auringonpaisteessa kuinka monta päivää tahansa ajattelematta vaimoamme ja tytärtämme lainkaan. Meillä on aikaa kuljeksia kaupoissa tuntikausia. Mutta meillä ei ole aikaa rukoilla Jumalaa. Lapset, kun rakastamme Jumalaa, aikaa *sadhanalle* löytyy automaattisesti.

235

Kuka sanoo, että *japaan* ei löydy aikaa? *Japaa* voi harjoittaa kävellessä, yksi *mantra* aina tietyllä määrällä askeleita. Eikö *japaa* voi harjoittaa matkustaessaan bussilla ja kuvitella tällöin rakkaan jumalansa muodon taivaalle tai resitoida *mantraa* silmät suljettuna? *Japaa* tällä tavoin tehdessä ei aikaa mene lainkaan hukkaan, sillä silloin mieli ei sotkeudu tienvarren houkutuksiin. *Japaa* voi harjoittaa myös arkiaskareita tehdessä. Kiinnostuneet löytävät aina aikaa.

236

Kun ihmiset eivät pysty nukkumaan, he ottavat unilääkkeitä. He pakenevat huoliaan saatavilla olevia päihteisiin kuten alkoholiin tai kannabikseen tai menevät elokuviin. Näiden seikkojen vuoksi kukaan ei nykyään etsi Jumalaa. Ihmiset eivät tiedä, että nämä päihteet tuhoavat heidät. Niitä nautittaessa veden määrä aivoissa laskee ja päihtymys tuntuu. Aineiden jatkuva käyttö saa aikaan kuivumisesta johtuvan hermojen kutistumisen. Jonkin ajan kuluttua ei henkilö pysty tärinän ja väsymyksen vuoksi enää edes kävelemään. Hän taantuu vähitellen, menet-täen elinvoimansa ja mielensä selkeyden. Myös hänen lapsensa joutuvat kärsimään.

237

Lapset, mieli tarvitsee ilmastointia, ei asunto. Rakennettuaan huoneistoonsa ilmanvaihto-järjestelmän ihminen tekee siellä itsemurhan. Tapahtuisiko niin, jos onni olisi löydettävissä ylellisyydestä? Ulkoiset asiat eivät voi antaa meille todellista onnea.

238

Kun koira saa luun, alkaa se järsimään sitä. Kun tällöin tihkuu verta, koira luulee sen tule-van luusta, vaikka se todellisuudessa valuu sen omista vahingoittuneista ikenistä. Näin mekin etsimme onnea ulkoisista asioista unohtaen, että todellinen onni on sisällämme.

239

Emme katko suuren hedelmäpuun oksia aidan-rakennusta varten, vaan siihen tarkoi-tukseen käytämme hyödyttömien puiden oksia. Joka ymmärtää elämän arvon, ei käytä sitä aisti-nautintoihin.

240

Ei ole mitään tiettyä aikaa, jolloin maail-massa elävän ihmisen tulisi aloittaa maail-masta luopuva henkinen elämä. Hänen tulisi aloittaa silloin, kun hänestä tuntuu siltä. Tätä tarvetta ei tarvitse yrittää luoda vaan se tulee omia aikojaan. Kun kana on muninut munan, ei se noki tätä auki, vaan odottaa kunnes poika-nen itse kuoriutuu ulos. Jos puoliso ja lapset voivat elää taloudellisesti turvattua elämää ja henkilöllä itsellään on tarrautu-mattomuuden henkeä, hän voi aloittaa henkisen elämän. Tä-män jälkeen hänen ei hänen tule enää elätellä ajatuksia kodistaan.

241

Entisinä aikoina lapsille opetettiin, mikä on pysyvää ja mikä ohimenevää. Heille opetettiin, että elämän päämäärä on Jumal-oivallus. Lapsille annettiin koulutus, joka auttoi heitä ymmärtämään, keitä he olivat. Nykyään vanhemmat rohkaisevat lapsiaan vain ansaitsemaan rahaa. Lopputulos tällaisesta kasvatuksesta on, että isä ei välitä pojastaan eikä poika isästään. Heidän välillään on vihamielisyyttä ja riitaa. Ihmiset eivät epäröi edes tappaa toisiaan itsekkäistä syistä.

242

Lapset, ilman *sadhanaa* Jumaloivallus ei ole mahdollinen. Toisaalta kukaan ei ole halukas ponnistelemaan sen eteen. Tehdastyöläiset tekevät työtä koko yön nukkumatta välillä. He eivät ryhdy huolimattomiksi vaikka heitä väsyttäisi. Jos he eivät ole huolellisia, he voivat menettää kätensä ja työpaikkansa. *Sadhakalla* tulee olla tällaista valppautta ja tyyneyttä.

243

Auringonlaskun jälkeen pienet lapset ovat murheissaan, koska aurinko on poissa. Aamulla auringon noustessa he riemuitsevat sen paluusta. He eivät tunne nousevan ja laskevan auringon takana olevaa totuutta. Me iloitsemme ja suremme saavuttamiamme ja menettämiämme asioita samalla tavoin.

244

Saatamme nähdä miehen pikkuruisessa veneessä johtamassa ankkoja Keralan taka-vesien läpi. Vene on niin pieni, että hän voi hädin tuskin suoristaa siellä jalkansa. Jos hän vaikka vain hengittää huolimattomasti, vene kaatuu. Mies ohjaa reitiltä eksyvät ankat takaisin reitilleen seisten veneessään ja loiskien äänekkäästi airollaan veteen. Hän kauhoo jaloillaan veden pois veneestä. Hän myös juttelee rantatörmällä istuskelevien ihmisten kanssa. Silloin tällöin hän tupakoi. Vaikka hän tekee kaikkia näitä

asioita, hänen mielensä on jatkuvasti keskitty-
nyt veneeseen. Jos hänen huomionsa herpaan-
tuu hetkeksikään, vene pyörähtää ympäri ja
mies molskahtaa veteen. Lapset, meidän tulee
elää maailmassa samalla tavoin. Mitä tahansa
työtä teemmekin, mielemme tulee olla keskit-
tyneenä Jumalaan.

245

Kansantanssija, jolla on ruukku päänsä päällä,
tekee monia temppuja. Hän tanssii ja kierii
maassa, mutta ruukku ei putoa. Hänen mie-
lensä on jatkuvasti keskittyneenä ruukkuun.
Harjoituksen avulla voit oppia kiinnittämään
mielesi Jumalaan tehdessäsi mitä työtä ta-
hansa.

246

Rukoile Jumalaa itkemällä yksinäisyydessä.
Jos ihmisen keho on haavoittunut, hänen
mielensä pystyy ajattelemaan vain haavaa. Me
olemme *bhavarogan*, jälleensyntymisen taudin

haavoittamia. Syntymä, kuolema, jälleensynty-
mä. Meidän tulisi vilpittömästi yrittää paran-
taa tämä tauti, vasta silloin rukouksistamme
tulee aitoja. Sydämen tulee sulaa rakkaudessa
Jumalaan.

247

Brahma luo, *Vishnu* ylläpitää ja *Shiva* tuhoaa
mielihalut. Ihminen luo ja ylläpitää mieliha-
luja, mutta ei tuhoa niitä. Lapset, mielihalujen
tuhoaminen on se mitä tarvitsemme.

248

Toimistoissa ja pankeissa työskentelevät käsit-
televät miljoonia markkoja tietäen, ettei raha
kuulu heille. He tietävät myös, etteivät asiak-
kaat ole heidän sukulaisiaan ja sen vuoksi he
ovat varmoja siitä, ettei asiakkaiden heitä koh-
taan osoittama rakkaudel-lisuus ole vilpitöntä
vaan johtuu itsekkäistä päämääristä. Siksi heitä
ei liikuta, mitä asiakas heille puhuu. Meidän-
kin tulisi elää tällä lailla. Jos ymmärrämme,

ettei mikään eikä kukaan tässä maailmassa ole omamme, ei meillä ole ongelmia.

249

Kun tulemme tietoiseksi päämäärästä, saavutamme myös keskittymisen. Ainoas-taan keskittymisen kautta voimme edistyä.

250

Mangon siemen on sellaisenaan kitkerä, mutta jos se keitetään oikein, voimme valmistaa siitä monenlaisia ruokia. Tämä vaatii vaivannäköä. *Srimad Bhagavatam* (Krishnan elämästä ja opetuksista kertova pyhä kirja) on etsijöitä varten. Jos luemme sitä tarkasti, voimme löytää siitä kaikki henkiset periaatteet. Mutta niille, joilla ei ole tutkivaa mieltä, se on pelkkä tarina. *Bhaga-vatamin* lukeminen ääneen rahan ansaitse-miseksi ei ole hyvä asia, mutta jos henkilö ei muuten tule toimeen, ei ole väärin tehdä niin.

251

Voidaksesi elää mukavasti jossakin, sinun on puhdistettava paikka perusteellisesti, poltettava roskat jne. Voit harjoittaa *japaa* ja meditoida vain puhtaassa ympäristössä. Jos paikka ei ole puhdas, haisevat jätteet tekevät sinut levottomaksi. *Homa*t ja *yagna*t (veedisiä seremonioita) tehdään ilmapiirin puhdistamiseksi, ei siksi että Jumala vaatisi *homaa* tai *yagnaa*.

252

Ihmiset eivät epäröi tehdä murhia ja käyttää valtavia määriä rahaa politiikan nimissä. Miljoonia käytettiin siihen, että saatiin kourallinen kiviä Kuusta, mutta meillä ei ole rahaa *homa-* ja *yagna*-seremonioihin. Näiden pyhien uhrausten suorittamatta jättäminen voidaan hyväksyä, mutta niiden tuomitseminen ymmärtämättä niiden tuomaa hyötyä on tietämättömyyttä.

253

Lapset, maallista ja henkistä elämää voidaan viettää samaan aikaan. Mutta meidän tulee aina kyetä toimimaan ilman tarrautu-mista ja ennakko-odotuksia.

Joudumme kokemaan surua, jos ajatte-lemme: "Olen tehnyt tämän, siksi minun on saatava tuo palkkioksi". Älä koskaan pidä ketään "sinun" vaimonasi, "sinun" lapsenasi jne. Jos ajattelemme kaiken kuuluvan Jumalalle, emme tarraudu. Kun kuolemme, eivät vaimomme ja lapsemme seuraa mukanamme. Jumala on ainoa totuus.

254

Riippumatta siitä, kuinka paljon omaisu-utta meillä on, joudumme kokemaan vain surua, jos emme ymmärrä sen oikeata arvoa ja käyttöä. Vaikka rikkautemme olisi rajaton, siitä saatava mielihyvä on vain väliaikaista. Se ei voi antaa ikuista onnea. Eikö Kamsan

ja Hiranyakasipun kaltaisilla kuninkailla
ollutkin valtava omaisuus? Vaikka Ravana
omisti kaiken, oliko hänellä mielenrauhaa? He
kaikki harhautuivat totuuden polulta ja elivät
ylimielisesti. He tekivät niin monia kiellettyjä
asioita ja siksi he menettivät kaiken hiljaisuu-
den ja rauhan.

255

Amma ei sano, että omaisuudesta tulee luopua.
Jos ymmärrämme, kuinka käyttää sitä oikealla
tavalla, onnesta ja rauhasta tulee omaisuut-
tamme. Lapset, niille jotka ovat täysin omis-
tautuneet Jumalalle, rikkaus on kuin keitettyä
riisiä, jonka sekaan on pudonnut hiekanjyviä.

Surusta vapautuminen

256

Jokaisen teon seuraukset voidaan tasapai-not-
taa toisella teolla. Jos kivi heitetään ylöspäin,
eikö se voidakin ottaa kiinni, ennen kuin
se putoaa maahan? Samalla tavoin voidaan
minkä tahansa teon lopputulos muuttaa ta-
pahtumakulun ollessa vielä kesken. Kohtaloa
ei tarvitse murehtia. Jumala voi päätöksellään
muuttaa kohtalon. Jonkun horoskoopissa
saattaa olla suuri todennäköisyys avioliitolle,
mutta jos hän harjoittaa *sadhanaa* ja osallistuu
satsangeihin jo nuorena, horoskoopin ennuste
muuttuu. Eepoksissakin on esimerkkejä tästä.

257

Jokea pitkin matkaava henkilö ei vaivaa
päätään miettimällä, mistä joki saa alkunsa.
Olemme saattaneet tehdä paljon virheitä men-
neisyydessä. On hyödytöntä murehtia niitä

nyt. Sinun on ponnisteltava tulevaisuu-tesi muovaamiseksi.

258

Jos mädästä perunasta on säilynyt vain pienikin kohta pilaantumattomana, kasvaa sitä kohdasta uusi verso. Samoin, jos meissä on vain vähänkin henkistä samskaraa (taipumusta henkisyyteen), voimme kasvaa pitäytymällä siihen. Älä koskaan ajattele: "Olen syntinen. Minusta ei ole mihinkään".

259

Olemme pitäneet kehoa todellisena ja tämän vuoksi olemme joutuneet kokemaan surua. Ajatelkaamme nyt toisella tavalla. *Atman* (Sielu tai Itse) on todellinen ja ikuinen, ja *atman* on se, joka meidän on oivallettava. Jos tuo ajatus vakiintuu tietoi-suuteemme, surumme poistuvat ja tulemme kokemaan vain autuutta.

260

Jos henkilö kantaa raskasta kuormaa, pelkkä ajatus siitä, että lepopaikka on lähellä, rauhoittaa häntä. Jos hän taas ajattelee lepopaikan olevan kaukana, taakka tuntuu raskaammalta. Jos ajattelemme Jumalan olevan kanssamme, kantamuksemme kevenee. Kun olemme nousseet veneeseen tai bussiin, miksi jatkaa matkatavaroiden kantamista? Laske ne alas! Samalla tavoin omista kaikki Jumalalle. Hän suojelee sinua.

261

Minne vain menemmekään, näemme vikoja ja puutteita toisissa ja mielemme tulee levottomaksi. Meidän on muutettava tämä tapa. Meidän on etsittävä toisista hyviä ominaisuuksia, kunnioitettava heitä ja unohdettava heidän vajavaisuutensa. Tätä me tarvitsemme. Näe toisissa aina heidän hyvät puolensa. Silloin surusi loppuvat.

262

Oletetaanpa, että putoamme kuoppaan. Kaivammeko silmät päästämme siksi, että ne eivät opastaneet meitä kunnolla? Aivan kuten siedämme näkömme epätäydellisyyden, meidän tulee olla ystävällisiä muita kohtaan ja suvaita heidän vajavaisuutensa.

Vasanat

263

Jos sokerin joukossa on yksikin muurahainen, se on poistettava. Jos sen annetaan olla siellä, muurahaisia tulee lisää. Samoin pienikin itsekkyyden häivä valmistaa tietä muille *vasanoille*.

264

Vasanoiden poistaminen ja mielen tuhoaminen ovat yksi ja sama asia: vapautus.

265

Jivan (yksilöllisen sielun) ensimmäinen *vasana* on Jumalasta lähtöisin, ja *karma* saa alkunsa siitä. *Karma* aiheuttaa jälleensynty-mien sarjan. Syntymän ja kuoleman pyörä jatkaa pyörimistään. Vain poistamalla *vasanat* voidaan päästä irti tästä loputtomas-ta kehästä. Henkiset aktiviteetit kuten *satsang* (pyhä seuranpito), *bhajan* (antau-muksellinen laulaminen) ja *dhyana* (meditaa-tio) auttavat poistamaan *vasanoita*.

266

Vasanat säilyvät vapautuksen *(jivan-mukti)* saavuttamiseen saakka. Ne poistuvat lopullisesti vasta *Jivanmuktin* tilassa. Ennen kuin olemme saavuttaneet tuon tilan, meidän täytyy edetä käyttäen äärimmäisen tarkkaa erottelua, sillä sitä ennen voimme vajota alas millä hetkellä hyvänsä. Ruuhkaisilla teillä ajavien on oltava hyvin varovaisia. Jos he laskevat katseensa harhailemaan hetkeksikään, seuraa onnettomuus. Avomaalla ajettaessa ei ole mitään pelättävää. On vain kuljettaja ja ajoneuvo. Henkisen elämän alkutaipaleella kaikki on vaarallista. Silloin on harjoitettava äärimmäistä varovaisuutta. *Jivanmuktin* tilassa on jäljellä vain puhdas Itse. Kaksinaisuutta ei ole eikä siten vaarojakaan.

267

Jivanmuktan (vapautuksen saavuttaneen sielun) *vasanat* eivät ole tosiasiassa *vasanoi-ta*. Esimerkiksi heidän suuttumuksensa on vain ulkoinen esitys. Sisäisesti he ovat hyvin puhtaita. Kalsiumkarbonaatti näyttää lujalta, mutta jos kosketamme sitä, se murenee.

268

Lapset, vain *guru* voi täysin poistaa *vasanamme*. Tai sitten henkilöllä on oltava jo syntymästä lähtien hyvin voimakas henkinen *samskara* (taipumus). Shakaali saattaa ajatella, "En enää ulvo, kun näen koiran", mutta sillä hetkellä kun se näkee koiran, se ulvoo kuten aina ennenkin. *Vasanat* ovat tällaisia.

269

Ajatusten virran eliminointi ei ole help-poa. Ajatusten häviäminen on edistynyt tila.

Lisäämällä puhtaiden ajatusten määrää voidaan epäpuhtaita ajatuksia tuhota.

270

Astiassa oleva suolavesi menettää suolaisuutensa, jos lisäämme puhdasta vettä siihen yhä uudelleen ja uudelleen. Samalla tavoin huonot ajatukset voidaan vähitellen eliminoi-da ajattelemalla hyviä ajatuksia.

Siddhit (psyykkiset kyvyt)

271

Lapset, *siddhien* esittäminen yli tietyn rajan rikkoo luonnon järjestystä. *Siddhien* näyttäminen saa ihmiset viehtymään niihin. Oivaltanut sielu välttää niiden ilmentämistä niin paljon kuin mahdollista. Ja vaikka hän esittäisikin niitä, hän ei menetä energiaa. Jos voima käytetään *siddhin* esittämisen sijasta henkilön muuttamiseen *sanjaasiksi*, on siitä hyötyä maailmalle. Jos *siddhit* alkavat kiehtoa etsijää, hän etääntyy päämäärästään.

272

Oivaltaneet sielut eivät yleensä esitä *siddhejä*. He saattavat näyttää niitä vain harvoin, jos koskaan. Heidän *siddhinsä* tulevat esiin spontaanisti tietyissä olosuhteissa, eivätkä ne ole tarkoitettu katsojien viihdyt-tämiseksi. Älä juokse *siddhien* perässä, ne ovat ohimeneviä.

Jumalalliset *inkarnaatiot* tulevat maailmaan poistamaan mielihaluja, eivät luomaan niitä.

Samadhi

273

Lapset, *sahaja samadhi* (luonnollinen pitäy-
tyminen Itsessä) on täydellisyys. Joka on va-
kiintunut tuohon tilaan, näkee jumalalli-sen
perustan kaikessa. Hän havaitsee kaikkialla
vain puhdasta tietoisuutta, vapaana *mayan*
(harhan) tahrasta. Kuten kuvanveistäjä näkee
kivessä vain muodon, jonka voi siitä työstää,
suuret sielut näkevät kaikkialla vallitsevan ju-
maluuden kaikessa, mihin heidän huomionsa
vain kohdistuu-kaan.

274

Kuvittelepa, että sisällämme on kumipal-lo ja
rengas. Pallo pomppii jatkuvasti ylös ja alas;
se on mielemme, ja rengas on päämäärämme.
Joskus pallo jää kiinni renkaaseen ja pysähtyy
pieneksi hetkeksi. Tätä voidaan kutsua *sa-
madhiksi*. Mutta pallo ei jää lepäämään siihen

pysyvästi, vaan alkaa jälleen liikkua ylös alas kuten ennenkin. Lopulta saavutetaan tila, jolloin pallo jää pysyvästi lepäämään renkaaseen ilman ainoatakaan liikettä sen jälkeen. Tätä kutsutaan *sahaja samadhiksi*.

275

Savikalpa samadhi (tila, jossa havaitaan perimmäinen todellisuus, mutta kuitenkin niin, että kaksinaisuuden tunne säilyy) voidaan saavuttaa muodon mietiskelyllä. Kun henkilö näkee rakkaan Jumalansa, 'minän' tunne säilyy, ja siten kaksinaisuus. Meditoi-taessa muotoa vailla olevaa kohdetta kaksi-naisuuden tunne tuhoutuu täydellisesti, koska 'minän' tunnetta ei ole. Näin saavutetaan *nirvikalpa samadhi*.

276

Nirvikalpa samadhin tilassa ei ole yksilöä tai olemusta, joka sanoisi "minä olen *Brah-man*". Hän on sulautunut *Brahmaniin*. Kun tavallinen ihminen saavuttaa *nirvikalpa samadhin*, hän luopuu kehostaan. Vajotes-saan *samadhiin* hän jättää kehonsa välit-tömästi, koska hänellä ei ole mielessään ajatusta tulevaisuudesta.. Hän tulee yhdeksi *Brahmanin* kanssa ikuisiksi ajoiksi aivan kuten soodapulloa avattaessa kuuluu poksa-us ja sen kaasu yhtyy ilmaan. Vain jumalalli-nen *inkarnaatio* voi säilyttää kehonsa saavu-tettuaan *nirvikalpa samadhin.* Tietäen kehollistumansa tarkoituksen ja pitäytymäl-lä päätöksessään hän laskeutuu alas maail-maan yhä uudestaan ja uudestaan.

277

Lapset, jumalalliselle *inkarnaatiolle* ei ole ole-massa eroa *nirvikalpa samadhin* ja sen ylä- tai alapuolella olevien tilojen välillä. *Inkarnaati-oilla* on vain muutama rajoite, jotka he ovat itse itselleen ottaneet, ja niiden tarkoituksena on toteuttaa se tehtävä, jota varten he ovat syntyneet.

278

Sadhaka, joka saavuttaa *sadhanan* tuloksena *nirvikalpa samadhin*, ei tule samanveroiseksi jumalallisen *inkarnaation* kanssa edes tuolloin. Ero on samanlainen kuin kahdella miehellä, joista toinen on käynyt Bombayssa ja toinen asuu siellä. Jos heiltä kysytään, ovatko he olleet Bombayssa, molemmat vastaavat "kyllä", mutta vain siellä pysyvästi asuva tuntee kaupungin läpi-kotaisin.

279

Millaista on *samadhi*? Autuutta. Ei iloja ja suruja. Ei 'minää', ei 'sinää'. Tätä tilaa voidaan verrata syvään uneen, mutta samadhin ja syvän unen välillä on ero. *Samadhissa* ollaan täydellisen tietoisena. 'Sinä', 'minä' ja 'maailma' ilmaantuvat vasta herätessämme. Tietämättömyydestämme johtuen pidämme niitä todellisina.

280

Brahmanin kokemista ei ole mahdollista kuvata. Jos Amma lyö sinua, pystytkö selittämään, kuinka paljon tuskaa tunnet? Myöskään *Brahmania* ei voida ilmaista sanoin.

Luominen

281

Lapset, *Brahmanissa* heräsi värähdys tämän omasta tahdosta. Tästä värähdyksestä saivat alkunsa kolme *gunaa* (ominaislaatua): *sattva* (seesteisyys), *rajas* (toiminta) ja *tamas* (taantumus). Näitä edustaa kolminaisuus *Brahma*, *Vishnu* ja *Shiva*. Kaikki nämä ovat sisällämme. Se, mitä näemme maailmankaikkeudessa, on todellisuudessa sisällämme.

282

Suhteellisessa todellisuudessa (dualismin tasolla) *Atman* on sekä *jivatma* (yksilöllinen sielu) että *Paramatma* (Perimmäinen Sielu). Yksilöllinen sielu kokee toiminnan hedelmät (*karman*). Perimmäinen Sielu on sivusta seuraava tietoisuus. Se on vapaa toiminnasta, se ei tee mitään.

283

Jumala on olemassa niin pitkään kuin *maya-kin*. Päästessämme jatkuvalla henkisellä harjoituksella *mayan* tuolle puolen, saavutamme *Brahmanin* tilan. *Brahmanissa* ei ole häivähdystäkään *mayasta*.

284

Lapset, *mitya* ei tarkoita 'olematonta', se tarkoittaa 'ikuisesti muuttuvaa'. Esimerkiksi vehnänjyvät muuntuvat vehnäjauhoiksi ja sitten leiväksi. Muoto muuttuu, mutta itse aines ei katoa minnekään.

285

Vaikka meren ranta olisi kuinka likainen, emmekö nautikin meren kauneudesta? Emme jää turhaan miettimään roskia. Samalla tavoin, kun mieli on kiinnittynyt Jumalaan, se ei jää *mayan* ansaan.

286

Voimme pitää neulaa vähäpätöisenä, koska se on halpa. Kuitenkaan esineen arvo ei määräydy sen hinnan vaan käyttöarvon mukaan. Amman mielestä neula ei ole vähäpätöinen esine. Kaikkea tulee arvioida käytön perusteella, ei hinnan. Suhtautues-samme tavaroihin tällä tavoin ei mikään ole *mityaa*.

287

Jotkut sanovat, ettei luomista ole tapahtunut. Nukkuessamme emme tiedä mitään. Ei ole tätä päivää, huomista, minua, sinua, vaimoa, poikaa jne. Tämän esimerkin tarkoi-tus on näyttää, että *Brahman* on yhä olemas-sa *Brahmanina*. Saatamme kysyä: "Eikö ole olemassa olentoa, joka nauttii unesta ja he-rättyään sanoo: 'Nukuin hyvin'?" Sanomme nukkuneemme hyvin vain tyytyväisyyden ja hyvänolon vuoksi, jota keho saa unesta, emme 'minä'-tunteen esiintymisen vuoksi. 'Minä'- ja 'minun' - nämä ajatukset ovat syynä kaikkiin ongelmiimme.

Rationalismi

288

Lapset, onko oikein sanoa palvontapaik-kojen olevan tarpeettomia, koska jotkut uskonnolliset dogmaatikot ovat synnyttäneet riitoja? Vaatisivatko näin sanovat ihmiset joidenkin lääkäreiden tekemien virheiden vuoksi, että sairaalat on lakkautettava? Eivät tietenkään. Uskonnolliset riidat tulee hävittää, ei Jumalan temppeleitä.

289

Entisinä aikoina rationalistit rakastivat ihmisiä. Mutta kuinka on tämän päivän rationalistien laita? He esiintyvät rationalisteina voidakseen paisuttaa *egoaan*, ja vain kiusaavat muita. Todellinen rationalisti on sellainen, joka vakaumuksestaan kiinni pitäen rakastaa muita, jopa oman elämänsä hinnalla. Jumala polvistuu hänen edessään. Montako sellaista ihmistä on löydettävissä nykyaikana?

290

Kun Jumalaan uskova kehittää itsessään hartautta, antaumuksellisuutta ja kunnioitusta, hänessä kehittyy myös sellaisia ominaisuuksia kuin rakkaus, totuudellisuus, myötätunto, laupeus, oikeamielisyys ja oikeudenmukaisuus. Ne, jotka ovat hänen kans-saan tekemisissä, saavat lohtua ja rauhaa. Täten maailma hyötyy Jumalaan uskovasta ihmisestä. Tämän päivän rationalisti taasen ei tutustu pyhiin kirjoituksiin tai mihinkään muuhunkaan kunnolla, vaan keskittyy pariin kolmeen sanaan jostakin kirjasta ja aiheuttaa ongelmia. Siksi Amma sanoo, että nykyajan rationalismi pohjustaa tietä yhteiskunnan rappioitumiselle.

Sieltä täältä

291

Lapset, luonto on oppikirja. Jokainen asia luonnossa on sivu tuosta kirjasta.

292

Luonnon armo riippuu ihmisen toimista.

293

Sadhakat käyttävät luonnon energiaa *meditaatioon*, itsensä ravitsemiseen, sekä moniin muihin tarkoituksiin. Ainakin kymmenen prosenttia luonnosta ottamastamme energiasta ja muusta varannosta tulisi käyttää muiden auttamiseen. Jos *sadhaka* ei tee mitään muiden eteen, mitä hyötyä on hänen elämästään?

294

Lapset, nykyään hyvin moni ihminen pitää henkisiä luentoja. Kuitenkaan näistä puheista ei näytä olevan juurikaan hyötyä. Jos luentojen valmisteluun käytetty aika olisi vietetty meditoiden, olisi siitä ollut paljon enemmän hyötyä. Jos ihminen on todella henkinen, hänen ei tarvitse rasittaa kurkku-aan puheitten pitämisellä, jotta voisi innostaa ihmisiä. Hänen pelkkä katseensa saa tuhan-net ihmiset kääntymään oikealle tielle. Emme voi häikäistymättä katsoa puhtaaseen peiliin, kun aurinko heijastuu siitä. Samalla tavoin, ollessamme kasvotusten todellisen *sadhakan* kanssa, emme voi väittää hänelle vastaan. Voimme vain totella häntä. Sellainen on *sadhanalla* hankittu voima.

295

Lapset, emme saisi tuntea vastenmielisyyttä niitä kohtaan, jotka tekevät moraalit-tomia tekoja. Paheksunnan tulisi kohdistua heidän tekoihinsa, ei heihin itseensä.

296

Lammikoiden ja ojien seisahtuneessa vedessä
sikiää hyönteisiä ja pieneliöitä, jotka aiheutta-
vat tauteja ihmisille. Tilanne korjaantuu, kun
vesi kanavoidaan virtaamaan valtamereen.
Tämän päivän ihmisellä on niin suuri *ego*,
ja heidän epäpuhtaat ajatuksensa aiheuttavat
kärsimystä monille ihmisille. Meidän on
tarkoitus avartaa heidän kapeita mieliään ja
johdattaa heidät perimmäiseen totuuteen.
Jokaisen meistä tulisi tämän vuoksi olla val-
mis henkilökohtaisiin uhrauk-siin. Voimme
johdattaa heitä ainoastaan *sadhanasta* saadun
voiman avulla.

297

Lapset, syökää elääksenne. Nukkukaa herä-
täksenne.

298

Tulimme kaikki Jumalasta. Meillä on aavistuksenomainen tietoisuus siitä. Tästä tietoisuudesta on tultava täydellinen.

299

Maailmassa on paljon ihmisiä, jotka kamppailevat ilman kotia, vaatteita, ruokaa ja terveydenhuoltoa. Rahalla, jonka käytät vuodessa tupakointiin, voitaisiin rakentaa köyhälle ihmiselle pieni talo. Kun meistä tulee myötätuntoisia köyhiä kohtaan, itsek-kyytemme häviää. Meidän ei tarvitse luopua mistään, päinvastoin saamme tyytyväisen mielen toisten onnesta. Kun olemme vapaita itsekkyydestä, meistä tulee sopivia kohteita Jumalan armolle.

300

Lapset, vain se, joka on opiskellut, voi opettaa. Vain se, jolla on, voi antaa. Vain se, joka on täysin vapaa surusta, voi vapauttaa muut heidän suruistaan.

301

Jokaisella paikalla on sydänkeskuksensa, jonne energia on kerääntyneenä. Intia on maailman sydänkeskus. *Sanatana Dharma* (Ikuinen Uskonto), joka sai alkunsa täällä, on kaikkien muiden polkujen alkulähde. Kuul-lessamme sanan *Bharatam* (Intia) tunnemme rauhan ja valon värähdyksen. Syynä tähän on se, että Intia on tietäjien maa. Nämä viisaat lähet-tävät elinvoimaa ei vain Intialle, vaan koko maailmalle.

Jumala

Kysymys: *"Amma, miksi on tarpeen palvoa Jumalan muotoa, kun Hänellä todellisuudessa ei ole muotoa?"*

Amma: "Lapset, saadaksemme rauhan meillä on tapana jakaa surumme ystäviemme kanssa, kun meidän itse asiassa pitäisi jakaa surumme universaalin olennon kanssa. Tämä on Jumalan muodon (jumalhahmon) palvonnan takana oleva tarkoitus."

"Shiva ja Parvati (Shivan puoliso) istuivat kerran yhdessä, kun Shiva yhtäkkiä juoksi pois. Mutta hetken kuluttua hän oli jälleen Parvatin vieressä. 'Miksi palasit niin pian?', Parvati kysyi. 'Eräs palvojani kertoi aina murheensa ainoastaan minulle', aloitti Shiva. 'Olivat ne mitä tahansa, hän ei koskaan uskonut niitä muille. Tänään, kun hän oli matkalla kotiin, jotkut luulivat häntä varkaaksi ja pahoinpitelivät hänet. Nähdes-säni tämän olin menossa hänen avukseen, mutta sitten näin hänen juttelevan erään toisen miehen kanssa. "He hakkasivat minut ilman syytä", hän kertoi. "Sinun pitää auttaa minua kostamaan heille." Palasin, koska minun apuni ei ollut tarpeen.'"

"Älkää lisätkö surujanne puhumalla niistä muille. Kertokaa vaikeutenne vain Jumalalle; yrittäkää ratkaista ne sillä tavoin. Jos jaamme surumme vain Jumalan kanssa, saavutamme ikuisen rauhan."

"Tavallisen ihmisen ei ehkä ole yhtä helppo kehittää rakkautta vailla muotoa olevaa Jumalaa kohtaan kuin palvoessaan Jumalaa muodon kera. Tiedon tien seuraaminen ilman antaumusta on kuin söisi kiviä. Muotoa vailla oleva kaikkivaltias Jumala voi helposti ottaa hahmon seuraajiensa tähden. Jos ihmisellä on luja usko ja luottamus rakastamaansa jumaluuteen, hän voi päästä helposti tavoit-teeseensa. Tällöinkin meidän tulisi palvoa Jumalaa ymmärtäen, että kaikki jumaluudet ovat itse asiassa saman

Jumalan eri olemus-puolia (aspekteja) ja mei-dän tulisi tietää, että tuo sama Jumala on oma todellinen Itsemme."

Kysymys: *"Jos Jumala on yksi ja kaksina-isuuden tuolla puolen, miksi meidän tulisi palvoa Shivaa, Vishnua ja muita tällaisia jumaluuksia?"*

Amma: "Sama näyttelijä saattaa näytellä monissa eri rooleissa. Vaikka hänen puvus-tuksensa ja roolityönsä vaihtuvat, on näytte-lijä yhä sama. Jumala on tällainen. Totuus on yksi; nimet ja muodot vaihtelevat."

"Ihmisiä on eri luonteisia. Auttaakseen meitä oivaltamaan Jumalan muinaiset *rishit* (tietäjät) esittelivät Jumalan eri nimet ja muo-dot, jotta voisimme valita niistä sellaiset, jotka vetoavat luonteenlaatuumme. Ei siis niin, että olisi olemassa erilaisia jumalia. Viisaat ovat kuvanneet jakamattoman Jumalan eri aikoina eri tavoin ihmisten luonteen ja mieltymysten mukaisesti."

Kysymys: *"Jos Jumala on yksi, mitä tarvetta on kunkin uskonnon omiin palvontapaikkoihin?"*

Amma: "Muuttuuko esine, vain koska se tunnetaan eri nimillä? Vesi on malayalamin kielessä 'vellam' ja se on hindiksi 'pani', mutta eivätkö 'pani' ja 'vellam' näytä ja maistu samalta? Poikkeavatko jääkaapissa, lampus-sa ja tuulettimessa kulkeva sähkövirta toisistaan? Eivät. Kristityt kutsuvat Jumalaa Kristukseksi ja muslimit viittaavat Jumalaan nimellä Allah. Jokainen ihminen ymmärtää Jumalan ja palvoo Häntä oman kulttuurinsa ja uskonnollisen perinteensä mukaisesti."

Kysymys: *"Amma, Jumalalle uhrataan temppeleissä paljon rahaa pujan ja palvonnan nimissä. Mihin Jumala tarvitsee rahaa?"*

Amma: "Jumala ei tarvitse meiltä mitään. Sähkölamppu ei tarvitse öljylyhdyn apua. Jumala on kuin aurinko. Hän antaa valoa tasaisesti kaikkialle maailmaan. Silti tarjoam-me tälle kaiken valaisevalle Jumalalle lyhdyn ja öljyä.

Tämä tapahtuu tietämättömyydestä. Se on samanlaista kuin jos pitäisimme palavaa kynttilää kädessämme ja sanoisim-me auringolle: 'Oi Aurinko, tässä on sinulle valoa, jotta näkisit matkata.' Uhraukset, joita teemme temppeleissä, ovat itse asiassa omaksi hyödyksemme. Jumala antaa meille kaiken. Hän ei tarvitse eikä halua meiltä mitään."

Temppelit

Kysymys: *"Mihin tarvitsemme temppe-leitä? Eikö kauniit patsaat työstänyt kuvan-veistäjä ole se, joka ansaitsisi tulla palvo-tuksi?"*

Amma: "Kun näemme isämme muoto-kuvan, muistamme hänet. Samoin muistam-me Jumalan, maailman Luojan, kun näemme Häntä kuvaavan veistoksen. Kun Krishnan palvoja näkee Krishna-patsaan, hän muistaa todellisen Krishnan, ei vain kivikuvaa. Temppelit ja patsaat ovat tietämättömyyteen vajonneille ihmisille tarpeellisia."

Kysymys: *"Ovatko temppelit tarpeen Jumalan muistamiseksi?"*

Amma: "Kun lapset ovat pieniä, he oppivat asioita katselemalla kuvia kirjoista. Kuvat auttavat lasta oppimaan. Hän saa käsityksen esimerkiksi kamelista tai liskos-ta kuvan perusteella. Kasvaessaan vanhem-maksi hän ymmärtää, että kameli hänen kirjassaan on vain kuva, mutta kun hän oli pieni, nämä kuvat edistivät hänen älynsä kehittymistä. Samoin temppelit auttavat aloittelijaa muistamaan Jumalan."

Kysymys: *"Olen kuullut, että jos puja (päivittäinen palvonta) temppeleissä lopetetaan, siitä seuraa hankaluuksia. Onko tämä totta?"*

Amma: "Temppelijumalien voima kasvaa ihmisen tahdon seurauksena. Jos *puja* lopetetaan, tuo voima vähenee. *Devatan* (puoli-jumalan tai -jumalattaren) voima riippuu sen paikalleen asettavan ihmisen *bhavanasta* (asennoitumisesta). Älä lopeta temppeli- tai perhejumaluuden palvontaa. Näille omistet-tujen riittien lopettamisesta voi seurata suuria onnettomuuksia."

"Jos olemme ruokkineet varista kymmenen päivää ja yhdentenätoista lopetamme ruokkimisen, se seuraa meitä raakkuen, emmekä metelin takia pysty työskentelemään tarkkaavaisesti. Jos lopetamme *devatojen* päivittäisen palvonnan, ne tulevat aina vaivaamaan meitä hienoaineisissa kehoissaan. Tällä on suuri vaikutus heikolla mielellä varustettuihin, mutta *sadhakoihin* se ei vaikuta paljoakaan."

"Veneen rakentaminen ei yksistään riitä, meidän on opeteltava myös soutamaan. Jos emme osaa soutaa venettä, se ajelehtii miten sattuu. Voimmeko syyttää venettä tästä? Pelkkä temppelien rakentaminen ei myös-kään riitä, meidän tulee myös huolehtia niistä kunnolla. Päivittäinen palvonta on suoritettava, muuten voi seurata onnettomuuksia. Jos emme tee niin, on hyödytöntä syyttää temppeleitä. Vastuu on meillä."

Kysymys: *"Ovatko devatat (temppelijumalat) ja Isvara (Jumala) eri asioita?"*
Amma: *"Devatat* luodaan ja asetetaan tehtäväänsä ihmisen *sankalpalla* (luovalla päätöksellä). Ihmisen *sankalpalla* on rajoi-tuksensa, ja näin ollen myös hänen luomuk-sillaan. Jumala taas on kaikkivaltias. Hänen valtansa ei kasva eikä vähene, se on ikuinen. *Devatojen* ja *Isvaran*

välinen ero on kuin ero eläimen ja ihmisen välillä. Vaikka kaikki onkin pohjimmiltaan samaa, ei koira kykene toimimaan arvostelukykyisesti kuten ihmi-nen. Koira rakastaa vain niitä jotka rakasta-vat sitä, muita se voi purra."

Kysymys: *"Eikö temppeleistä voi täten tulla vahingollisia ihmisille?"*

Amma: "Ei. Tämä pätee vain temppelei-hin, joissa palvotaan *devatoja*. Mutta meidän tulee olla hieman varovaisia. *Devatojen* asettaminen tapahtuu usein sellaisten pappien toimesta, jotka eivät kykene hallitsemaan omaa *pranaansa* (elämänvoimaansa). Päivittäistä palvontaa sellaisissa temppeleissä ei pidä lopettaa. Oletteko nähneet akvaarioissa eläviä kaloja? Akvaarioiden vesi tulee vaihtaa päivittäin, muuten siitä tulee kaloille haitallista. Jos päivittäinen *puja* suoritetaan asianmukaisesti, on tuloksena aineellinen hyvinvointi. Sellaisten temppeleiden, joiden jumalpatsaat *mahatma* on asettanut paikoilleen, suuruus on vertaansa vailla.

He suorittavat asetuksen *Akhanda Sat-Chit-Anandan sankalpalla* (universaalin tietoisuuden tahdolla) antaen patsaille jumalallisen voiman. Tällaiset temppelit ja niiden patsaat ovat täynnä mahatmojen antamaa jumalallisuut-ta, valoa ja voimaa. Ne eivät ole kuin akvaariokaloja vaan kuin joessa eläviä kaloja. Päivittäinen *puja* ei koskaan keskeydy sellaisissa temppeleissä. Vaikka se lopetet-taisiinkin, ei niiden voima vähenisi. Tiru-pathi, Guruvayur ja Chottanikara sekä muut tämän kaltaiset temppelit ovat vetovoimaisia keskuksia. Ne omaavat ikuisesti suotuisia ominaisuuksia."

Kysymys: *"Miksi temppeleissä on suoritettu ihmisuhreja?"*

Amma: "Ihmisten tietämättömyys sai aiemmin ihmiset tekemään sellaista. He uskoivat, että ihmisuhrit olisivat Jumalalle mieliksi. He suorittivat nämä uhraukset, koska ymmärsivät pyhien kirjoitusten sanoman väärin. Katsokaa tämän päivän maailmaa. Politiikan nimessä

174

on niin paljon veren-vuodatusta. Ampumiset ja puukotukset, puoluetta vaihtavien ihmisten murhat ja muut tällaiset raakuudet ovat hyvin tavalli-sia. Hyväksyykö minkään puolueen säännöt tai ideologia murhat ja julmuudet? Jul-kilau-sumat ja ohjelmat saattavat olla erittäin hyviä, mutta toiminta on jotain aivan muuta. Myös entisaikoina oli mielipuolia, joiden sokea antaumus ja usko sai heidät tekemään tällaisia tekoja."

Kysymys: *"Syyllistyvätkö epäoikeuden-mukai-sesti toimivat ihmiset syntiin?"*
Amma: "Jos ihmiset toimivat universaaleista syistä, silloin kyseessä ei ole synti, mutta jos syyt ovat itsekkäitä, he tekevät syntiä. Olipa kerran eräässä kylässä kaksi bramiinia (pappis-kastin edustajaa). Molemmat sairastuivat samaan tautiin. Kun he kävivät lääkärissä, tämä sanoi heille, että jos he söisivät kalaa, he paranisivat. Koska molemmat olivat tinkimät-tömiä kasvissyöjiä, he olivat ymmällään, mitä

175

tehdä. Ensimmäi-nen mies taipui vaimonsa ja lastensa vaati-muksiin, söi kalaa ja parani. Toinen mies ei synnin pelossa suostunut syömään kalaa ja kuoli. Hänen perheensä jäi vaille huoltajaa ja ajautui moniin vaikeuksiin."

"Ensimmäinen mies suojeli koko perhettään syömällä melko vähäpätöistä kalaa. Tämä ei ole julmuutta. Toinen mies kieltäy-tyi syömästä kalaa ja kuoli jättäen koko perheensä kärsimään. Perheellä on paljon suurempi merkitys kuin yhdellä tai kahdella kalalla. Emmekö kaada puita talonraken-nusta varten? Tällaiset asiat eivät ole itsekkyyttä. Teoistamme tulee syntiä silloin, kun toimimme intohimoisesti, halujemme ja vastenmielisyyksiemme jne. motivoimina."

Kysymys: *"Amma, mikä on syynä siihen, että temppelit menettävät pyhyyttään?"*
Amma: "Juhlien nimissä temppeleissä kerätään rahaa ja esitetään maallista ohjelmaa. Tämä tekee temppeliympäristöstä epäpuhtaan.

Hartauden ja hyvien ajatusten sijasta tuollaiset ohjelmat synnyttävät ihmisissä karkeita ajatuksia ja intohimoja. Mitä roskaa harjoitetaankaan Jumalan nimessä! Kerätessään rahaa juhlia varten ihmiset juopuvat ja ajautuvat tappeluihin. Temppelialueella esitetään näytelmiä, tanssinumeroita ja muuta ohjelmaa, joka on omiaan herättämään maallisia ajatuksia yleisössä. Tämä vaikuttaa myös nuoriin lapsiin. Herkässä iässä, jolloin hyvien ajatusten tulisi kehittyä, nämä ohjelmat saavat heidät etääntymään oikealta tieltä. Tämänkaltaiset ajatusaallot tekevät temppelin ilmapiirin epäpyhäksi."

"Lapset, me yksin tuhoamme itsemme. Ensin meistä tulisi tulla hyviä. Meidän tulisi huolehtia siitä, että temppelit pidetään puhtaana. Temppeleissä tulisi sallia vain taide, joka on jumalaista luonteeltaan, ja joka kasvattaa uskoa ja hartautta. Päivittäinen *puja* tulisi suorittaa asiaankuuluvasti. Jos me aiheutamme temppeliympäristön tahriintumisen, ei hyödytä syyttää siitä *devatoja*. Entisinä aikoina temppeleissä harjoitettiin meditaatiota, *Puranoiden* lukemista, *jooga-asanoita* jne. Juhlapäivinä esitettiin ainoastaan Jumalaan liittyviä näytelmiä."

"Kansalta kerätty raha voidaan juhlien sijasta käyttää humanitäärisiin tarkoituksiin. Kylissämme on niin paljon ihmisiä, jotka joutuvat kamppailemaan ilman kotia. Voimme rakentaa heille taloja. Voimme antaa köyhille ruokaa ja vaatteita. Voimme auttaa niitä, joilla ei ole varaa häihin. Uskonnollisia kirjoja voidaan painaa ja jakaa ilmaiseksi ja käyttää lasten opettamiseen. Voidaan rakentaa orpokoteja. Nämä lapset voidaan kasvattaa hyvällä ja sivistyneellä tavalla. Jos teemme näin, ei tulevaisuudessa enää ole orpoja. Kaikki tämä auttaa luomaan yhteen-kuuluvuuden tunnetta ihmisten keskuu-teen."

"Lapset, katsokaa kristittyjä ja muslimeja ja kaikkia hyviä tekoja, joita he tekevät. He rakentavat orpokoteja ja kouluja, opettavat orvoille uskontoa ja huolehtivat heidän tarpeistaan. Oletko nähnyt rapistuneita kirkko-ja? Et. Mutta katso hindutemppeleiden kurjaa tilaa. Monet niistä ovat vailla huolenpitoa ja kävijöitä. Devaswom Board (hallituksen asettama temppeleiden ylläpidosta huolehtiva toimikunta) ottaa suuret temppelit hoidettavakseen, koska niillä voi tehdä rahaa, ja jättää pienet temppelit vaille huomiota."

"Meidän tulisi huolehtia erityisesti temppeleiden entisöinnistä ja jumalallisten taiteiden esittämisestä juhlapyhien aikaan. Meidän itsemme tulisi huolehtia temppeleis-tämme asiaankuuluvalla tavalla. Niiden pyhyys tulee säilyttää, muuten kulttuurimme taantuu."

Kysymys: *"Onko temppelipalvonnalla mahdollista saavuttaa vapautuminen?"*
Amma: "Se on mahdollista, mutta se täytyy suorittaa ymmärtäen temppelien sisäinen merkitys. Jumala on temppeleissä, mutta älä

luule temppelin seinien rajoittavan Häntä. Usko vakaasti, että Jumala on läsnä kaikkialla. Linja-auto vie meidät kotiamme lähinnä olevalle pysäkille, jolta meidän on helppo jatkaa kotiin kävellen. Samoin myös oikean-lainen temppelipalvonta vie meidät *Sat-Chit-Anandan* (olemassaolon-tietoisuuden-autuuden) kynnykselle, ja sieltä meillä on vain lyhyt matka kuljettavana ennen täydel-lisyyden saavuttamista. Voit syntyä temppe-lissä, mutta älä kuole siellä. Tämä tarkoittaa sitä, että aluksi etsijä voi suorittaa temppeli-palvontaa. Se on astinlauta, mutta lopullinen ja todellinen päämäärä on kaikkien näiden asioiden tuolla puolen."

Mantra

Kysymys: *"Onko sanoilla voima muuttaa ih-*
misen luonne?"

Amma: "Varmasti. Olipa kerran bramiini,
joka opetti temppelissä oppilailleen henkisiä
asioita. Maan kuningas saapui paikalle. Bra-
miini oli niin uppoutunut opetustyö-hönsä,
ettei huomannut kuninkaan tuloa. Kuningas
suuttui ja nuhteli bramiinia siitä, ettei tämä
ollut huomannut häntä. Bramiini selitti kunin-
kaalle olleensa hyvin keskitty-nyt opettamaan.
Kuningas kysyi, mitä bramiini oli opettanut
niin tosissaan, ettei ollut tietoinen kuninkaan
saapumisesta. Bramiini vastasi: 'Opetin lapsille
asioita, jotka puhdistavat heidän luonnettaan.
Tällainen opetus on suoritettava täydellä
huomiolla ja vilpittömyydellä.' Kuningas
kysyi ivallisesti: 'Voivatko pelkät sanat muut-
taa luonnetta?' Bramiini vastasi: 'Varmasti.'
Kuningas tiuskaisi: 'Luonne ei voi muuttua

noin vain.' Sillä hetkellä yksi oppilaista, pieni poika, komensi kuninkaan ulos temppelistä. Kuullessaan tämän kunin-gas raivostui ja huusi: 'Kuinka uskallat! Tapan sinut ja *gurusi*, ja tuhoan saman tien tämän *ashramin*!' Sitten kuningas tarttui niskasta bramiinia, joka vastasi: 'Pyydän anteeksi. Sanoit, että pelkät sanat eivät voi muuttaa henkilön luonnetta. Kuitenkin äsken, kun pieni poika sanoi sinulle muuta-man sanan, kuinka paljon muutuitkaan tavallisesta olemuksestasi. Olit valmis jopa tappamaan minut ja tuhoamaan kaiken.'"

"Lapset, luonnetta voidaan muuttaa sanojen avulla. Jos tavallisetkin sanat riittävät muuttamaan jonkun luonteen, niin mikä voima onkaan *risheiltä* peräisin olevis-sa *mantroissa*, joka sisältää *bijaksharoja* (juurimantroja OM, HRIM, KLIM)?"

Kysymys: *"Amma, onko mantran toista-misesta hyötyä?"*

Amma: "Varmasti. Mutta muistakaa, että *mantraa* on lausuttava keskittyneesti. Oppilaan voiman kehittyminen riippuu *bhava-nasta* (asenteesta). Asenne on erittäin tärkeä. Lääkäri voi määrätä lääkettä, kehottaa potilasta lepäämään ja välttämään tiettyjä ruokia. Jos potilas noudattaa ohjeita, hän paranee. Samoin ovat *rishit* kertoneet meille, että jos lausumme *mantraa* määrätyllä tavalla, harjoituksesta seuraa tiettyjä tuloksia. Jos seuraamme heidän ohjeitaan tunnontarkasti, pääsemme varmasti nauttimaan heidän lupaamistaan hedelmistä."

Rituaalit

Kysymys: *"Amma, onko pitrukarma-seremonian (perheen kuolleille omistettu juhla) aikana suoritetuilla rituaaleilla vaikutusta?"*

Amma: "Lapset, puhtaalla *sankalpalla* (henkisellä päätöksellä) on suuri voima, mutta rituaalit tuottavat halutun tuloksen vain, jos *sankalpa* on puhdas. *Pitrukarmaa* suori-tettaessa muistetaan vainajan nimeä, synty-mätähteä, ulkoista olemusta ja elämän-asennetta ja lausutaan *mantroja*. Jokaisella rituaalilla on sitä vastaava *devata*. Aivan kuten perhe saa kaukana asuvan poikansa lähettämän kirjeen, jos osoite vain on kirjoitettu kuoreen oikein, samoin myös rituaalin vaikutukset kohdistuvat tarkoitet-tuun henkilöön. Jos *sankalpa* on puhdas, kyseiseen rituaaliin liittyvä *devata* huolehtii siitä, että rituaalin vaikutukset tavoittavat oikean sielun."

Rishit (intian muinaiset tietäjät)

Kysymys: *"Toteutuvatko rishien ennustuk-set?"*
Amma: "Muinaiset *rishit* olivat *mantra-drish-toja* (näkijöitä): kaikki mitä he ovat sanoneet, on toteutunut. Kaikki mitä *Bhagavatamissa* on kirjoitettu *Kaliyugasta*, on osoittautunut oikeaksi. 'Isä tuhoaa poikansa, poika tuhoaa isänsä. Metsät muuttuvat taloiksi, talot muuttuvat kaupoiksi.' Eivätkö nämä asiat juuri tapahdu? Kaadamme metsät ja rakennamme niiden tilalle taloja ja kauppoja. Nykyisellä aikakaudella totuudella ja *dhar-malla* ei ole mitään arvoa. Vallitseeko maailmassamme ihmisten välinen luottamus tai rakkaus? Löytyykö nykymaailmasta vilpitöntä, kärsivällistä ja uhrautuvaista ihmistä?"

"Sekä sadekauden että aurinkoisen jakson sää ovat luonteeltaan äärimmäisiä aivan kuten *rishit* ennustivat. Kasvukauden aikana vilja

kuivuu pelloille, koska ei sada. Viisaat ennus-
tivat kaikki nämä asiat kauan sitten."

"*Rishit* harjoittivat *tapasia* (itsekurihar-
joituksia) syöden vain lehtiä ja hedelmiä. He
oivalsivat maailmankaikkeuden salaisuuden.
Jumalan koko luomakunta oli kuin sinapin-
siemen heidän kämmenellään. Jopa elotto-mat
esineet tottelivat heitä. *Rishit* tekivät menneinä
aikoina paljon keksintöjä. Itse asiassa he tuotti-
vat vaivattomasti monia nykyajan suurimmista
keksinnöistä. Esimer-kiksi, tiedemiehet ovat
tuottaneet koeputki-lapsia. Entäpä tietäjä Vy-
asa? Hän tuotti satayksi Kauravaa saviruukuis-
ta, hän antoi elämän pelkille lihakimpaleille.
Tähän verrattuna koeputkilapsi ei ole mitään.
Ramayanassa viitataan *'pushpaka vima-naan'*
(kukista tehtyyn lentoalukseen), silti nykyai-
kainen lentokone on keksitty vasta äskettäin.
Tämänkaltaisia esimerkkejä on monia."

"Amma ei pidä tämän päivän tiedemiehiä
ja heidän keksintöjään mitättöminä. Amma

sanoo vain, että ei ole mitään, mitä *tapasilla* ei voisi saavuttaa. *Risheille* ei mikään ollut vaikeaa. He pystyivät luomaan mitä vain halusivat."

Devi-bhava

(Kahtena iltana viikossa Amma ilmentää ulkoisesti ykseytensä Perimmäisen kanssa *Devi Bhava Darshanassa* (*Devi-bhava* = Jumalallisen Äidin mielentila). Hän pukeutuu kirkasvärisiin sareihin ja koruihin ja ilmen-tää *Devin* olemuksen kaikessa loistossaan antaen lohtua ja huojennusta ihmisille).

Kysymys: *"Miksi Amma pitää yllään juhla-asua Devi-bhavan aikana? Sankara-charya, Rama-krishna Paramahansa, Nara-yana Gurudev... Kukaan heistä ei käyttänyt tuollaisia pukuja."*

Amma: "Jos kaikilla olisi samanlaiset roolit, yksi pyhimys tai *mahatma* olisi riittänyt kohottamaan maailman. Ei ole kahta samanlaista henkilöä. Pyhimyksillä ja *avataaroilla* on kullakin ainutlaatuinen roolinsa. Rama ei ollut kuten Krishna, Ramana Maharshi ei ollut kuten Ramakrishna Paramahansa. Jokaisella jumalallisella *inkarnaatiolla* on eri tarkoitus täytettävänään. Myös heidän omaksumansa menetelmät poikkeavat toisistaan."

"Lapset, nähdessämme lakimiehen kaavun muistamme kesken olevan oikeusjuttumme. Nähdessämme posteljoonin muistamme kirjeet. Amman *Devi-bhavan* aikana käyttämän asun tarkoitus on muistuttaa meitä perim-mäisestä. Kerron teille tarinan."

"Tärkeä johtaja kutsuttiin konferenssiin. Hän saapui paikalle tavallisessa yksinkertaisessa asussa. Hänen vaatimattoman vaate-tuksensa vuoksi kokouksen järjestäjät eivät tunteneet häntä eivätkä laskeneet häntä sisään. Johtaja meni kotiin ja vaihtoi ylleen edustusasunsa. Palatessaan kokoukseen hänet toivotettiin tervetulleeksi ja hänelle tarjoiltiin loistoateria. Syömisen sijasta johtaja otti vaatteet päältään ja asetti ne ateriansa eteen. Hämmästyneet isännät kysyivät syytä tähän. Johtaja vastasi: 'Kun tulin tänne tavallisissa vaatteissa, ylenkatsoitte minua. Kun tulin hyvin pukeutuneena,

toivotitte mi-nut tervetulleeksi. Kunnioitatte
vaatetusta ettekä minua, joten syököön vaat-
teet ruuan.' Maailma arvostaa suuresti ulkoista
olemus-ta. Siksi Amma käyttää *Devi-bhavan*
aikana erityistä vaatetusta. *Devi-bhavan* aikana
Amman ulkoisen ilmennyksen tarkoituksena
on vapauttaa meidät rajoittuneesta tavastamme
käsittää itsemme ja muistuttaa meitä perim-
mäisestä, joka on todellinen olemuksemme."

Rakkaus

"Lapset, älkää tuhlatko aikaa, jonka Jumala on teille antanut. Turvatkaa Universaa-liin Äitiin. Vain Hän voi rakastaa teitä epäitsekkäästi. Erehdytte jos luulette toisten rakastavan teitä, sillä ihmisolentojen rakkau-den juuret ovat itsekkyydessä. Amma kertoo tätä asiaa selventävän tarinan."

"Eräänä päivänä isä ja tytär lähtivät matkalle. He matkustivat koko päivän ja näkivät matkalla monia kauniita paikkoja. Illalla he saapuivat hotelliin, jossa he saattoivat yöpyä. Kun hotellin omistaja näki heidät, hän toivotti heidät tervetulleeksi hyvin rakkaudel-lisesti ja kunnioittavasti. Heidät vietiin hyvin ka-lustettuun huoneeseen ja monta palvelijaa tarjoili heille ruokaa. Hyväntuuli-set palvelijat veivät heidän likaiset vaatteen-sa pestäväksi ja palauttivat ne puhtaina ja silitettyinä. Heille valmistettiin kuuma kylpy ja tuotiin kaikki mitä he tarvitsivat. Sinä yönä muusikot soittivat ja lauloivat vain heille."

"Seuraavana aamuna, kun isä ja tytär valmistautuivat lähtemään, tytär huudahti: 'Kuinka ystävällisiä nämä ihmiset ovatkaan!' Ennen kuin isä ehti vastata, hotellin palvelija tuli tuomaan heille laskun. Isä sanoi tyttärelleen: 'Tämä on lasku kaikesta heidän tarjoamastaan rakkaudesta ja huolenpidosta. He laskuttivat meitä jokaisesta palveluksestaan. Heidän rakkautensa pohjautuu itsekkyyteen.'"

"Lapset, maallinen rakkaus on tällaista. Keskinäinen rakkaus, jota ihmiset osoittavat toisilleen, on lähtöisin itsekkyydestä. Kun joku ei käyttäydy toiveidemme mukaisesti, emme rakastakaan häntä enää. Pyyteetöntä rakkautta voidaan saada vain Jumalalta, rakkauden ruumiillistumalta. Tietäkää tämä ja ponnistelkaa oivaltaaksenne Jumala. Hyödyntäkää sisäistä perusolemustanne oikealla tavalla."

Suuttumus

Kysymys: *"Vaikka meditoisin ja harjoittaisin japaa kuinka paljon tahansa, tuntuu kuin en saavuttaisi sillä mitään. Miksi?"*

Amma: "Poikani, etkö menetäkin usein malttisi? Henkisten harjoitusten tuoma hyöty voidaan menettää monella tavoin. Voimme menettää kaiken saavuttamamme suuttumuksen, halun, ahneuden, kateuden ja muiden kielteisten tunteiden kautta. Meidän tulisi muistaa tämä. Menemme temppeliin mieli hartaana jumalanpalvelusta varten, ja kierrettyämme temppelin hartaudella astumme Jumalaa esittävän veistoksen eteen. Entä jos joku tuleekin eteemme ja peittää meiltä näkyvyyden? Suutumme heti. Kaikki siihen astisella keskittymisellämme saavutettu energia häviää saman tien. Vaikka kyseessä olisi itse Jumala vale-puvussa, suuttuisimme hänellekin. Meillä on tällainen tapa. Kuinka *japa* ja meditaatio voivat silloin hyödyttää meitä mitenkään?"

"Henkisen pyrkijän ei koskaan pitäisi suuttua. Suuttuessamme menetämme paljon *sadhanalla* hankkimaamme energiaa ja voimaa. Pyrkijä voi saavuttaa määränpäänsä vain suurella *sraddhalla*. Meidän tulisi miettiä kaikkea näkemäämme ja kuulemaamme yksinäisyydessä, ja vasta sitten tehdä päätöksiä. Älä koskaan anna olosuhteitten orjuuttaa sinua, vaan koeta ylittää ne."

"Minä olen Brahman"

Kysymys: *"Amma, kirjoituksissa julistetaan kaiken olevan Brahman. Jos se on totta, silloin myös minä olen Brahman. Mihin tarvitsen silloin sadhanaa (henkisiä harjoituksia) tai bhaktia (antaumusta Jumalaa kohtaan)?"*

Amma: "Lapset, jos joku huutaa takananne nimenne, ettekö käännykin ympäri ja vastaa? Jo se riittää kertomaan, että te yhä elätte nimien ja muotojen maailmassa. Kaltaisillem-me ihmisille erottelevat käsitteet kuten 'tänään', 'eilen' ja 'huomenna' ovat hyvin todellisia. Vaalimme ilmaisuja kuten 'minä', 'minun', 'sinä', 'sinun', 'häntä' ja 'hänen'. Olemme takertuneita puolisoihimme ja lapsiimme, taloihimme ja omaisuuteemme. Meillä on mieltymyksiä ja vastenmielisyyk-siä. Tämä kaikki kertoo, että vaikka tosiasi-assa olemmekin perimmäinen todellisuus *Brahman,* olemme kaukana sen todellisesta kokemisesta. Totuus 'minä olen

Brahman' on vielä oivaltamatta. Se ei ole vielä realiteetti elämässämme.

Jos kaikki, mitä on, on *Brahman,* myös järkevään ajatteluun kykenettömät eläimet ovat *Brahman.* Nykyisessä tilassamme väitteem-me 'minä olen *Brahman'* ei poikkeaisi lainkaan siitä, että koira tai sika sanoisi olevansa *Brahman.* Älkäämme olko tämänkaltainen *'Brahman'.*"

Muinaiset *rishit* julistivat oman suoran kokemuksensa vuoksi kaiken olevaisen olevan *Brahman.* He sanoivat näin vasta oman oivalluksensa syvyyksistä. Lapset, hädintuskin luettuanne muutaman kirjan älkää kulkeko ympäriinsä julistaen: 'minä olen *Brahman'.* Jos teette niin, olette samanlai-nen kuin palkattu vartija, joka pitää vartioimaansa aluetta ylpeästi omanaan."

Niin intianleipäpuun hedelmä kuin sen siemenkin voivat sanoa olevansa *Brahman.* Mutta hedelmä on makea, kun taas sen siemen on keitettävä ja höystettävä ennen kuin se voidaan syödä. Nykytilassanne te olette vielä siemeniä. Tarvitaan suuri muutos ennen kuin teistä tulee makea hedelmä. Henkisten harjoitusten avulla ja noudattamalla yamoja ja niyamoja jokainen voi saavuttaa määrän-pään (yamat ja niyamat ovat pyhissä kirjoi-tuksissa olevia henkisen elämän ohjeita, jotka kuvaavat mitä asioita henkisen oppi-laan tulisi pyrkiä tekemään ja mitä välttä-mään).

"Lapset, *Brahmania* ei voi kuvata sanoil-la. Se täytyy kokea. Seuraava tarina kuvaa tätä tosiasiaa. Suuri *rishi,* joka eli jatkuvassa *Brahman*-tilassa, lähetti poikansa *guru-kulaan* (*gurun* johtamaan oppilaitokseen) koulutet-tavaksi. Opiskeltuaan monta vuotta kirjoi-tuksia poika palasi kotiin täynnä ylpeyttä. Käyttäen tärkeileviä filosofisia ilmaisuja hän alkoi selittää isälleen, mitä *Brahman* on. Hän toisti samalla jatkuvasti: 'Minä olen *Brahman.*' Huomatessaan pojan omahyväisen puheen ja käytöksen *rishin* täytti voimakas sääli, ja hän sanoi: 'Rakas poikani, tuo minulle kulho maitoa ja vähän sokeria'. Poika teki näin. *Rishi* pyysi pojan liuottamaan sokerin maitoon. Pojan tehtyä tämän *rishi* pyysi tätä ottamaan maitoa astian keskeltä ja maistamaan sitä. Poika maistoi makeutettua maitoa.

'Miltä se maistuu', kysyi isä.

'Makealta', vastasi poika.

'Voitko kertoa minulle, mitä makeus on?' kysyi isä.

Poika jäi sanattomaksi. Sitten *rishi* pyysi poikaa maistamaan vähän maitoa kulhon eri osista. Poika teki työtä käskettyä.

'Miltä se maistui kullakin kerralla?', kysyi isä.

'Makealta. Se on makeaa joka puolelta.'

'Kuinka makeaa se on?'

Poika jäi jälleen sanattomaksi, hän ei osannut kuvata kokemustaan.

Sitten *rishi* sanoi hänelle: 'Poika, jotta saatoit kertoa minulle, miltä maito maistuu, sinun täytyi ensin maistaa sitä, eikö niin? Silti et osannut edes maistamisen jälkeen kuvata kokemustasi siitä. Jos näin käy jo maidon kaltaisen tavanomaisen asian koh-dalla, niin entäpä sitten, kun kyseessä on perimmäinen todellisuus, kaiken olemassa-olon perusta? Poikani, ellet oivalla *Brahma-nia* ensin itse, kuinka toivot voivasi kuvata kuinka *Brahman* koetaan, *Brahman,* joka on läsnä kaikkialla ja joka on kaiken erilaisuu-den tuolla puolen?'

Pienen tauon jälkeen *rishi* jatkoi: 'Lapse-ni, *Brahmania* ei tule halventaa eikä häväistä sanoilla ja turhalla puheella. Se voidaan tuntea ja oivaltaa vain suoran kokemuksen kautta.'"

"Lapset, kaikkialla läsnäoleva totuus, Jumala, on sekä ominaisuuksia omaava että vailla ominaisuuksia. Totuus on kaikkien sanojen tavoittamattomissa. Se on kaiken dualismin (kaksinaisuuden) ja eroavuuksien yläpuolella. Totuus on tunnettava ja koet-tava. Ei ole hyötyä puhua suuria sanoja: 'minä olen

Brahman.' Meidän olisi panostettava totuuden oivaltamiseen harjoittamalla *sadhanaa*."

"Lapset, oppinut mies käveli kadulla laulaen sanskritinkielisiä säkeitä, 'Sarvam Brahmamayam, re re Sarvam Brahmamayam' ('kaikki mikä on, on *Brahman*'). Toinen mies halusi testata häntä ja pisti häntä piikillä takaapäin. Oppinut karjaisi kivusta, kääntyi ympäri, näki miehen ja raivostui. 'Sinä hullu! Etkö tiedä kuka minä olen? Olen se ja se, sen ja sen poika, kunnioitetun sen ja sen pojanpoika...' Sitten hän hyökkäsi miehen kimppuun ja löi tätä."

"Lapset, meidän tämänhetkinen *Brahmanimme* on tällainen kirjanoppineen *Brahman* — *Brahman,* joka kiljuu, *Brahman,* joka raivostuu, *Brahman,* joka haluaa kostaa muille."

"Mutta nyt kerron tarinan ihmisestä, joka oli pysyvästi vakiintunut *Brahmaniin. Mahatma* (valaistunut sielu) käveli laulaen samoja säkeitä: 'Sarvam Brahmamayam, re re Sarvam Brahmamayam'. Takaa tuli rosvo, joka raa'asti viilsi isolla veitsellä hänen käteensä haavan. Mutta *mahatma* ei ollut edes tietoinen saamastaan vammasta. Ympäristöstään välittämättä, autuuteen uppoutunee-na hän jatkoi matkaansa laulaen kuten ennenkin. Silloin häijyläisen mieleen juolahti, että hänen oli täytynyt rikkoa *mahatmaa* vastaan. Järkyttyneenä mies rukoili *mahatmaa* antamaan hänelle anteeksi. Mutta *mahatma,* joka ei ollut tietoinen tapahtuneesta, kysyi: 'Siunattu Itse, miksi pyydät anteeksiantoa-ni?' Hyökkääjä vastasi: 'Halveksittavassa tietämättömyydessäni haavoitin kättänne.' *Mahatma* huomasi haavansa vasta silloin. Hän liikutti toista kättään puolihuolimattomasti haavan yläpuolella, ja katso! käsi oli ennallaan ja haava parantunut. Sitten *mahatma* sanoi: 'Rakas lapsi, olen laulanut "Kaikki, mikä on, on *Brahman*", mutta parantaakseni tämän haavan minun täytyi liikuttaa kättäni sen yläpuolella. Tämä osoittaa minun olevan vielä toiminnan tasolla.'"

"Lapset, ennen kuin todella elämme *Brahman*-kokemuksessa, ei meillä ei oikeutta sanoa: 'minä olen *Brahman*'. Älkäämme olko kuten ensimmäisen tarinan kirjanoppinut, vaan tulkaamme *mahatman* kal-taiseksi."

"Lapset, näinä päivinä voi kuka tahansa ostaa kirjakaupasta muutamalla kympillä *Brahmasutria* käsitteleviä kirjoja, ja saattaapa jopa parissa viikossa oppia niiden säkeetkin. Kuitenkin on melko hyödytöntä kulkea ympäriinsä täynnä kirjatietoa ja hokea täynnä itseään: 'minä olen *Brahman*.' Siirtä-kää tämä totuus mieluummin omaan elämä-änne *sadhanan* avulla, ja olkaa esimerkiksi yhteiskunnalle."

"Lapset, jos luette henkisiä opetuksia tunnin, teidän tulisi sen jälkeen mietiskellä niitä kymmenen tuntia. Näin on tehtävä, jotta noiden opetusten todellinen merkitys heräisi sisällänne."

"Rakkaat lapset, *prema* ja *bhakti* (korkein rakkaus ja antaumuksellisuus Jumalaa kohtaan) pelastavat meidät ennemmin kuin mikään kirjatieto. Sydämemme tulee ikävöidä Jumalaa. Kuvittele mielessäsi, kuinka kiihkeästi haluaisitkaan upottaa kätesi kylmään veteen, kun olet polttanut sormesi. Meidän tulee jatkuvasti tuntea yhtä voimakasta halua oivaltaa Jumala. Puhtaassa *bhaktissa* (antaumuksellisuudessa) on pelastuksemme.

Sanasto

Advaita: Ykseyden (ei-kaksinaisuuden) filosofia.

Akhanda Sat-Chit-Ananda: Jakamaton olemassaolo - tietoisuus - autuus.

Asana: Istuma-asento meditaatiossa (ks myös *jooga-asana*).

Ashram: Hinduperinteen mukainen luostaria vastaava henkinen keskus.

Atman: Itse.

Avataara: Jumalallinen *inkarnaatio*.

Bhagavatam: Krishnan elämästä, teoista ja opetuksista kertova pyhä kirjoitus.

Bhajan: Antaumuksellinen, harras laulaminen.

Bhakti: Antaumuksellisuus, hartaus.

Bhaktijooga: Antaumuksen (rakkauden) jooga.

Bharatam: Intia.

Bhavana: Asenne, asennoituminen, mielen suuntautuminen.

Bhavaroga: Toiseksi tulemisen tauti, mistä esimerkkinä jälleensyntymien kiertokulku.

Bhaya bhakti: Pelkoa, suurta kunnioitusta ja palvontaa sisältävä hartauden tunne.

Bijakshara: Juurimantrat, kuten hrim, klim, aim, om.

Brahma: Luojajumaluus.

Brahman: Absoluutti.

Brahmacharya: Itsekurin ja pidättyväisyyden harjoittelu, selibaatti.

Brahmasutrat: Tietäjä Badarayanan (Vyasan) kirjoittamat vedantafilosofiaa selittävät aforis-mit.

Darshan: Pyhimyksen tai Jumalan ilmestys, kohtaaminen tai vastaanotto.

Devata: Puolijumala tai -jumalatar. Tämä ei ole sama asia kuin perimmäisen todellisuuden (Absoluutin) kanssa yhtä olevat jumaluuden aspektit, joita eri jumalhahmot edustavat, vaan nämä ovat alemmalla tasolla olevia olentoja.

Devi: Jumalallinen Äiti, Jumalatar.

Dharma: (Korkein) tehtävä, tavoite, päämäärä; myöskin oikeamielisyys.

Dhyana: Meditaatio.

Diksha: Vihkimys, initiaatio.

Ego (mieli): Ihmisen rajoittunut ja harhainen kuva itsestään ja maailmasta. Ego saa hänet pitämään itseään muusta maailmankaikkeudesta erillisenä olentona ja asennoitumaan maailmaa kohtaan itsekkäästi. Ego erottaa ihmisen puhtaan tietoisuuden kokemisesta; jotta ihminen voisi valaistua, on ego ensin tuhottava.

Ekadasi: Kuunkierron 11. päivä.

Guna: Laatu, ominaisuus (katso *tamas, rajas, sattva*).

Guru: Henkinen mestari, tiennäyttäjä.

Gurukula: *Gurun* ohjaama oppilaitos.

Homa: Veedinen tuliseremonia.

Inkarnaatio: Sielun laskeutuminen fyysiseen ruumiiseen. Jumalallisessa *inkarnaatiossa* on kyse perimmäisen todellisuuden tai Jumalan kanssa yhtä olevan olennon syntymisestä fyysiseen kehoon maan päälle.

Ishta devata: Rakastettu tai valittu jumaluus tai jumalhahmo.

Isvara: Jumala, Herra.

Japa: *Mantran* tai jumalallisen nimen toistaminen.

Jiva: Yksilöllinen sielu.

Jivanmukta: Vapautuksen saavuttanut sielu.

Jivanmukti: Sielun vapautuminen vielä kehossa ollessaan.

Jivatma: Yksilöllinen itse.

Jnana: Tieto (Itsestä).

Jnana jooga: Tiedon jooga, jossa on kyse todellisen ja epätodellisen erottelusta.

Jooga: Ykseys Jumalan kanssa.

Jooga-asanat: Asentoja ja liikesarjoja, joilla valmistetaan kehoa korkeampiin energioihin.

Kaliyuga: Materialismin pimeä aikakausi.

Karma: Toiminta (myös toiminnan aikaansaama hyvitettävä 'velkataakka').

Karmajooga: Takertumattoman toiminnan jooga, jossa tekijyys, teot ja toiminnan hedelmät omistetaan Korkeimmalle (tai maailmankaik-keudelle). Pyyteetön palvelu, joka on suoritettu ilman kiitoksen tai palkkion toivetta, on osa karmajoogaa.

Karmajoogi: Karmajoogan harjoittaja.

Krooramayi: Maailmankaikkeuden Äidin kauhistuttava olemuspuoli.

Kumbhaka: Hengityksen pidättäminen *pranayamassa*.

Lakshya bodha: Sisäinen ohjaus kohti Jumaloivallusta, tai tietoisuus tästä korkeimpana pää-määränä. Voimakas tahto tuon pää-määrän saavuttamiseksi.

Mahatma: Kirjaimellisesti Suuri Sielu, myöskin Jumaloivalluksen saavuttanut pyhimys.

Mala: *Japa*-harjoituksessa käytettävä rukous-nauha, jossa on 108 helmeä.

Mantra: Pyhä tai mystinen kaava tai sanojen yhdistelmä, joka toistettuna antaa henkistä voimaa ja puhtautta.

Mantra drishtat: Tietäjät, jotka antoivat *mantrat* ihmiskunnalle.

Maya: Universaali harha.

Meditaatio: Omaan Itseen syventyminen sulkemalla aistit ja hiljentämällä mieli.

Mitya: Alati muuttuva, ei-ikuinen (ks. myös nitya).

Nirvikalpa samadhi: Täydellisen ykseyden tila, jossa kokija on yhtä Absoluutin kanssa.

Nitya: Ikuinen.

Ojas: Sublimoitu (henkisyyteen kohotettu, jalostettu) vitaalivoima, henkiseksi energiaksi muunnettu elinvoima.

Paramatma: Korkein, Perimmäinen Itse.

Pitrukarma: Kuolleille omistettu uskonnollinen seremonia.

Prana: Vitaalivoima, elinvoima.

Pranayama: Hengitysharjoituksia, joiden tarkoituksena on saavuttaa *pranan* hallinta.

Puja: Palvelus, palvonta.

Prema: Korkeimman rakkauden tila.

Puranat: Muinaiset eepokset.

Pushpaka Vimana: *Ramayanassa* esiintyvä kuuluisa lentoalus.

Rajas: Toiminnan *guna* eli ominaislaatu.

Ramayana: Eeppinen kertomus Sri Ramasta.

Rishi: Muinainen näkijä, valaistunut tietäjä.

Sadhaka: Henkinen pyrkijä.

Sadhana: Henkiset harjoitukset.

Sahaja samadhi: Luonnostaan tapahtuva Itsessä pitäytyminen.

Sahasranaman: Jumalan 1000 nimeä.

Samadhi: Ykseys perimmäisen todellisuuden kanssa.

Samsara: Syntymän, kuoleman ja jälleensyntymän kehä.

Samskara: Mielen piilevä ominaisuus.

Sanatana Dharma: Veedojen kuvaama ikuinen uskonto.

Sankalpa: Päätös, ratkaisu tai asennoituminen johonkin asiaan, ja tahto sen toteuttamiseksi. Pyhimyksen *sankalpa* toteutuu aina tarkoitetulla tavalla, tavallisen ihmisen sen sijaan usein ei.

Sanjaasi: Maailmasta luopunut munkki.

Sat-Chit-Ananda: Puhdas oleminen - tietoisuus - autuus.

Satsang: Pyhä seura.

Satguru: Valaistunut mestari.

Sattva: Puhtauden, kirkkauden, selkeyden *guna* eli ominaislaatu.

Savasana: Jooga-asento; 'kuolleen asento'.

Savikalpa samadhi: Tila, jossa havaitaan perimmäinen todellisuus, kuitenkin yhä pysytellen kaksinaisuuden tunteessa.

Shakti: Maailmankaikkeuden perusvoima, Absoluu-tin feminiininen aspekti.

Shiva: Tuhoajajumaluus (myös tietämättö-myyden tuhoaja, siksi joogeille mieluisa jumaluus).

Siddha oushada: Täydellinen lääke.

Siddhi: Psyykkinen kyky.

Snehamayi: Maailmankaikkeuden Äidin rakkaudellinen olemuspuoli.

Soundarya Lahari: Sankaracharyan kirjoitta-mat Jumalallista Äitiä ylistävät antaumuk-selliset säkeet.

Sraddha: Luottava usko, tai huolellisuus, tarkkuus.

Srimad Bhagavatam: Krishnan elämästä, te-oista ja opetuksista kertova pyhä kirjoitus.

Tamas: Tylsyyden, taantumisen ja hitauden *guna* eli ominaislaatu.

Tapas: Itsekuri, pidättyvyys, joka synnyttää henkistä energiaa.

Upadesa: Neuvo tai opetus.

Vasanat: Edellisistä elämistä periytyneet synnynnäiset ja myös tässä elämässä

kasautuneet ominaisuudet. Syvään juur-
tuneita kielteisiä vasanoita ovat mm. viha,
halu, ahneus, kateus, ylpeys, itsekkyys jne.

Vishnu: Ylläpitäjäjumaluus.

Yagna: Veedinen uhraus.

www.ingramcontent.com/pod-product-compliance
Lightning Source LLC
LaVergne TN
LVHW051730080426
835511LV00018B/2968